农民合作社扶持政策与制度研究：基于120家合作社调查

柳 岩 著

中国发展出版社
CHINA DEVELOPMENT PRESS

图书在版编目（CIP）数据

农民合作社扶持政策与制度研究：基于120家合作社调查/柳岩著.—北京：中国发展出版社，2016.10
（国务院发展研究中心研究丛书.2016/李伟主编）
ISBN 978-7-5177-0528-4

Ⅰ.①农…　Ⅱ.①柳…　Ⅲ.①农业合作社—研究—中国　Ⅳ.①F321.42

中国版本图书馆CIP数据核字（2016）第156460号

书　　名：农民合作社扶持政策与制度研究：基于120家合作社调查
著作责任者：柳　岩
出 版 发 行：中国发展出版社
（北京市西城区百万庄大街16号8层　100037）
标 准 书 号：ISBN 978-7-5177-0528-4
经　销　者：各地新华书店
印　刷　者：北京科信印刷有限公司
开　　本：710mm×1000mm　1/16
印　　张：10
字　　数：120千字
版　　次：2016年10月第1版
印　　次：2016年10月第1次印刷
定　　价：40.00元

联 系 电 话：（010）68990625　68990692
购 书 热 线：（010）68990682　68990686
网 络 订 购：http://zgfzcbs.tmall.com
网 购 电 话：（010）68990639　88333349
本 社 网 址：http://www.develpress.com.cn
电 子 邮 件：121410231@qq.com

DRC

2016

国务院发展研究中心研究丛书

编　委　会

"农民合作社扶持政策与制度研究"
课题组

课题顾问

刘守英　国务院发展研究中心　研究员

徐旭初　浙江大学　教授

课题负责人

柳　岩　国务院发展研究中心信息中心　助理研究员

课题组成员

程　郁　国务院发展研究中心农村经济研究部　副研究员

张晋华　浙江工业大学经贸管理学院　讲师

吴晓艳　石家庄铁道大学经济管理学院　副教授

重点调研合作社

浙江富阳山居农产品专业合作社联合社

河北武强县新合油葵种植专业合作社

内蒙古包头市固阳县金山镇启源种养殖专业合作社

北京兴农天力农机服务专业合作社

湖南隆平高科种粮专业合作联社

黑龙江克山县仁发农机合作社

河北河间市三农农业专业合作社

总　序

践行五大发展理念　发挥高端智库作用
努力推动中国经济转型升级

2016年是“十三五”开局之年。“十三五”时期是塑造中国未来的关键五年，到2020年能否实现全面建成小康社会的目标，不仅是发展速度快慢的问题，更是决定中国能否抓住转型发展的历史窗口期，跨越“中等收入陷阱”、顺利实现现代化的问题。

2015年10月，党的十八届五中全会通过的《中共中央关于制定国民经济和社会发展第十三个五年规划的建议》确立了“创新、协调、绿色、开放、共享”五大发展理念。2016年3月，十二届全国人大四次会议通过的《国民经济和社会发展第十三个五年规划纲要》明确了新时期发展的总体思路，提出了应对国内外严峻挑战的战略性安排。

毋庸讳言，我国经济社会发展确实面临着一些前所未遇的困难和挑战，诸如：劳动年龄人口绝对量下降，老龄化问题日益显现，传统产业和低附加值生产环节的产能严重过剩，粗放式发展产生的生态环境问题逐渐暴露，以创新为驱动力的新增长动力尚未形成，社会对公平正义的诉求日益增强，等等。但与此同时，也应该客观地看到，我国的发展依然有着巨大的潜力和韧性。城镇化远未完成，欠发达地区与发达地区间存在明显的发展差距。这意味着，在当前和未来相当长的时期内，投资和消费都有很大的增长空间。我国产业体系完备、人力资本丰富、创新能力正在增强，有支撑未来发展的雄厚基础和良好条件。目前经济增长速度呈现的下降态势，只是经济结构转型过程中必然出现的暂时现象，而且这一态势是趋缓的、可控的、可承受的。随着结构调整、经济转型不断取得进展，我国经济将在新的发展平台上实现稳定、持续的中高速增长。

正是基于各种有利因素和不利因素复杂交织、相互影响的大背景，我们认为，中国的现代化已经进入转型发展重要的历史性窗口期，如果不能在窗口期内完成发展的转型，我们就迈不过“中等收入陷阱”这道坎，现代化进程就有可能中断。

中央十分清醒地认识到这一点，并对转型发展进行了周密部署。概言之，未来五年，为了推动经济转型、释放发展潜力，我们将以新的发展理念为统领，依照“十三五”规划描绘的蓝图，通过持续不断地深化改革和扩大开放，建立新的发展方式，形成创新驱动发展、协调平衡发展、人与自然和谐发展、中国经济和世界经济深度融合、全体人民共享发展成果的发展新格局。

推动经济转型升级，形成发展新格局，需要从供给和需求这两侧采取综合措施，在适度扩大总需求的同时，着力加强供给侧结构性改革，转变发展方式，促进经济转型。我国经济发展正处于“三期叠加”的历史性转折阶段，摆在面前的既有周期性、总量性问题，但更突出的是结构性问题。在供给与需求这对主要矛盾体中，当前矛盾的主要方面是在供给侧。比如，在传统的增长动力趋弱的同时，新的增长动力尚难以支撑中高速增长；产业结构资源密集型特征明显，对生态环境不够友好；要素在空间上的流动还不够顺畅，制约了城乡、区域协调发展；对外经济体制不能完全适应国际贸易投资规则变化的新趋势等。因此，去年以来，中央大力推进供给侧结构性改革，重点落实“三去一降一补”五大任务，用改革的办法推进结构调整，提高供给结构对需求结构变化的适应性，努力提升经济发展的质量和效益。“十三五”规划亦把供给侧结构性改革作为重大战略和主线，旨在通过转变政府职能、发展混合所有制经济、增强市场的统一性和开放性、健全经济监管体系等，促进资源得到更合理的配置和更高效的利用，提高生产效率，优化供给结构，为形成发展新格局奠定坚实的物质基础。当然，这里要强调的是，注重供给侧结构性改革，并非不要进行需求管理。我们还将采取完善收入分配格局、健全公共服务体制等措施，推动社会实现公平、正义，并为国内需求的增长提供强力支撑，使需求和供给在更高水平上实现良性互动。

当前，国务院发展研究中心正在按照中央的要求和部署，积极推进国家高端智库建设的试点工作，努力打造世界一流的中国特色新型智库。作为直接为党中央、国务院提供决策咨询服务的高端智库，我们将坚持“唯真求实、守正出新”的价值理念，扎实做好政策研究、政策解读、政策评估、国际交流与合作等四位一体的工作，为促进中国经济转型升级及迈向中高端水平、实现全面建成小康社会的宏伟目标做出应有的贡献。

这套“国务院发展研究中心研究丛书2016”，集中反映了过去一年我们的主要研究成果，包括19种（20册）著作。其中：《新兴大国的竞争力升级战略》（上、下册）和《从“数量追赶”到“质量追赶”》是中心的重大研究课题报告；《新形势下完善宏观调控理论与机制研究》《区域协同发展：机制与政策》等9部著作，是中心各研究部（所）的重点研究课题报告；还有8部著作是中心资深专家学者或青年研究人员的优秀招标研究课题报告。

“国务院发展研究中心研究丛书”自2010年首次面世至今，已是连续第七年出版。七年来，我们获得了广大读者的认可与厚爱，也受到中央和地方各级领导同志的肯定和鼓励。我们对此表示衷心感谢。同时，真诚欢迎各界读者一如既往地关心、支持、帮助我们，对这套丛书以及我们的工作不吝批评指正，使我们在建设国家高端智库、服务中央决策和工作大局、推动经济发展和社会进步的道路上，走得更稳、更快、更好。

国务院发展研究中心主任、研究员 李伟

2016年8月

内容摘要

农民专业合作社作为一种能够有效提高农民组织化程度的合法经济组织，具有“正外部效应”（减少风险、提高收益和促进社会公平），成为政府重点扶持的新型农业经营主体之一。政府在制定扶持政策目标时，把扶持农民专业合作社作为提高农业补贴政策效能、提高财政支农效率的重要抓手。因此，本书以政府为什么扶持农民专业合作社为出发点，重点研究以下三个方面内容。一是农民与合作社的关系，探求并回答“农民为什么加入合作社？合作社是否可持续?”两个问题；二是合作社与政府的关系，探讨并分析“扶持农民专业合作社的政策有哪些？财政扶持政策效果如何?”两个问题；三是针对构建财政扶持农民专业合作社的政策框架提出两类建议。

第一类建议是农民与合作社的关系。与专业大户、家庭农场、农业企业三类经营主体相比，合作社是自愿联合、民主管理的互助性经济组织，是与农民之间利益联结较为紧密、实现农业适度规模经营的一种经营形式。从合作社内部治理结构看，合作社通过完善民主管理、经营管理、利益分配等规章制度，将农民联合起来，带动农户实现规模生产。从资本结构看，合作社的运营、发展实际上处于少数人控制的局面。从经营业务看，合作社主要为农民提供产前、产中、产后等服务。从合作模式看，农民主要通过将土地托管或流转等方式与合作社建立松散的合作关系，且以土地和资金入股等方式参与合作的模式逐渐成为新趋势。结合组织发展实践、合作社的质的规定性，我国合作社可以体现为“服务成员、民主控制”的公平参与、“生产在家，服务在社”的合作模式、“追求公平，讲求效率”的经济社会双重属性，形成了维护农民利益的共同体。

调研结果显示，目前我国合作社发展仍处于初级阶段，50%的合作社盈利能力一般，在产权结构、治理机制、财务管理、分配方式等方面多样化发展；其中，股份化改造、企业化经营、综合性发展已经成为主要趋势。但合作社仍面临民主决策、盈余返利等治理机制不完善的问题；组织化程度低、地位弱势等自身的经营能力问题制约其发展；股份制改造还未完成，进一步参股经营或企业化经营存在一定困难；合作社的运行制度较为复杂，亟待政府引导其规范发展。

第二类建议是合作社与政府的关系。政府应本着扶持合作社就是扶持农业和农民的理念，突出扶持政策的指向性、精准性和实效性。从财政扶持政策的内容来看，中央和地方不断完善相关法律、法规等系列配套政策，基本建立了财政扶持政策体系，探索出了直接补助、以奖代补、先建后补、贷款贴息等多种形式的财政扶持方式，不断促进合作社规范发展。调查数据显示，获得财政扶持项目的合作社共有46家，占总样本的51.11%，主要包括国家级、省市级、县级各类示范社项目、支农项目、合作社的基地建设提升项目、资金互助项目和农民合作社发展项目等。

从合作社对扶持政策的需求来看，许多需求尚未被真实反映出来，导致了扶持政策落实的示范推广效果不明显。调查结果显示，合作社对扶持政策的需求主要涉及修订合作社规范法律和法规相关内容、土地流转、金融融资渠道以及人才培养等几类政策。从扶持政策落实情况来看，仍面临诸多问题，如：政策支持的目标不明确、靶向机制不准确、合作社支持与产业化支持混同；政策规范管理不足，造成合作社鱼目混珠；政策的支持缺乏功能引导性和持续性，支持方式以项目为主，未能为合作社的服务功能发展创造充分的市场发展空间，不能引导和促进真正意义上合作性的发展；等等。

因此，建议进一步加强财政扶持政策系统设计，加强不同部门之间的沟通协作，把示范合作社放在首位，鼓励和促进发展多种经营形式，充分发挥财政资金撬动社会资本参与合作经营的关键作用，发挥扶持政策的合力作用。与此同时，加大扶持政策落实监管与效果评价，提高支农政策的精准性，营造合作社健康发展的环境，引导和规范合作社发展。

目录

第一章

概　述

一、研究背景、目的和意义

（一）背景

近年来，市场取向的改革不断深化，导致经济关系、经济格局和城乡新秩序的内外环境因素日益复杂，我国农业发展急需加快构建新型农业生产经营体系，提高农业组织化程度。而农民专业合作社[①]作为一种能够有效提高农民组织化程度的合法经济组织，可带来“正外部效应”（减少风险、提高收益和促进社会公平），成为政府重点扶持的新型农业经营主体之一。政府政策扶持力度逐年加大，对农民合作社扶持政策导向更加明确，有关农民合作社的扶持政策框架逐渐清晰、任务更加明确（见表1－1、1－2、1－3）。尤其是2007年出台的《农民专业合作社法》，第七章中提出了对促进农民合作社发展的产业政策倾斜、财政扶持、金融支持、税收优惠等四个方面的扶持政策；

① 2007年《农民专业合作社法》所定义的“农民专业合作社”目前存在较大争议，因为，随着我国农民专业合作社的发展，经营组织所涵盖的内容不断丰富，此概念不能全面反映我国农业经营制度的特征，因此，本书统一简写成“农民合作社”。

表 1-1　　2007 年以来我国有关农民专业合作社扶持政策的文件出台情况

		文　件
1	产业项目倾斜	关于支持有条件的农民专业合作社承担国家有关涉农项目的意见（农经发〔2010〕6 号）； 商务部、农业部关于开展农超对接试点工作的通知（商建发〔2008〕487 号）
2	财政扶持	财政部办公厅关于中央财政支持农民专业合作组织试点工作的通知（财办农〔2003〕91 号）； 财政部《中央财政农民专业合作组织发展资金管理暂行办法》（财农〔2004〕87 号）； 关于印发《中央财政农民专业合作组织发展资金管理办法》的通知（财农〔2013〕156 号）； 农业部办公厅关于印发 2012 年财政项目指南的通知（农办财〔2011〕130 号）； 财政部关于支持农民合作组织发展促进农业生产经营体制创新的意见（财农〔2013〕7 号）； 财政部关于印发《中央财政农民专业合作组织发展资金管理办法》的通知（财农〔2013〕156 号）； 农业部办公厅关于印发《农业部农民专业合作社人才培养实训基地管理办法（试行）》通知（农办经〔2010〕20 号）
3	金融支持	中国银行业监督管理委员会、农业部《关于做好农民专业合作社金融服务工作的意见》（银监发〔2009〕13 号）； 中国人民银行《关于做好家庭农场等新型农业经营主体金融服务的指导意见》（2014-03-20）； 国务院办公厅《关于金融服务“三农”发展的若干意见》（国办发〔2014〕17 号）
4	税收优惠	关于印发《税收减免管理办法（试行）》的通知（国税发〔2005〕129 号）； 财政部国家税务总局关于农民专业合作社有关税收政策的通知（财税〔2008〕81 号）； 《增值税暂行条例》（2009 年）； 国家税务总局《关于粕类产品征免增值税问题的通知》（国税函〔2010〕75 号）； 财政部、国家税务总局《关于免征蔬菜流通环节增值税有关问题的通知》（财税〔2011〕137 号）

资料来源：根据农业部、中国农民专业合作社网、中国农民合作组织研究中心、中国农民合作社研究网的政策法规文件汇总。

表1-2 2007年以来各地有关农民专业合作社的政策文件出台情况

	地 区	扶持政策
1	北 京	金融支持—京政农函〔2011〕70号
2	河 北	扶持指导—冀政〔2007〕132号
3	山 西	金融服务—晋农（经）发〔2007〕1号
4	湖 北	项目资金管理办法—鄂财农发〔2006〕74号
5	浙 江	金融信贷—浙信联发〔2006〕32号； 产业政策、测土配方—浙农专发〔2007〕70号； 税收优惠—浙地税函〔2006〕466号； 资金互助—杭政办函〔2014〕107号（杭州市）； 农村合作金融机构贷款办法—浙信联发〔2006〕32号； 资金互助—浙江商企〔2009〕16号； 财政扶持—甬农发〔2012〕35号、甬财政农〔2012〕189号
6	陕 西	陕农业发〔2009〕88号
7	山 东	信用合作—鲁政办字〔2014〕107号
8	吉 林	财政扶持—吉农经字〔2011〕259号
9	福 建	资金互助—闽政办〔2012〕152号
10	海 南	项目申请—琼农办〔2012〕94号
11	黑龙江	资金互助—黑政办发〔2014〕32号
12	辽 宁	资金互助—辽宁〔2010〕336号
13	江 苏	税收优惠—苏国税发〔2011〕182号； 苏地税发〔2011〕90号； 苏农社〔2011〕5号
14	安 徽	信息化—皖农合〔2009〕51号
15	重 庆	健康发展—渝办发〔2008〕364号； 渝农发〔2009〕120号； 新型股份合作社发展实施方案—渝办发〔2011〕335号； 新型股份合作社发展的实施意见—渝工商发〔2012〕4号
16	广 东	粤府办〔2007〕104号； 财政扶持—穗农〔2015〕162号
17	甘 肃	金融—甘农牧经〔2008〕411号； 财政项目—甘财农〔2012〕80号
18	新 疆	财政专项—新财预〔2005〕10号

续表

	地 区	扶持政策
19	贵 州	财政专项—黔农发〔2011〕212 号
20	云 南	财政扶持—云政办发〔2008〕25 号

资料来源：根据各地方农业厅网站、农业部、中国农民专业合作社网、中国农民合作组织研究中心、中国农民合作社研究网的政策法规文件汇总。

表 1－3　　各地区与农民合作社相关的条例、政策、意见情况

	地区	条例、登记及相关管理工作、示范章程	加快发展农民专业合作社意见	相关政策
1	北京	办法：2009－11－20	京政农发〔2006〕55 号	
2	河北		冀农管发〔2009〕13 号	冀政〔2007〕132 号
3	湖南	办法：2010－1－1	湘政发〔2013〕34 号	
4	湖北	办法：2008－2－1	示范建设：鄂农发〔2012〕5 号； 发展意见：鄂发〔2007〕12 号； 联社登记与管理：鄂工商注〔2013〕62 号	
5	浙江	条例：2007－9－28； 土地出资作价登记：2009－2－19； 示范章程：浙农经发〔2007〕17 号	浙政发〔2010〕48 号； 规范化建设：浙农经发〔2007〕15 号； 五化建设：浙农经发〔2007〕3 号； 经营主体：浙政办发〔2012〕73 号； 信用体系：浙农经发〔2013〕2 号； 年度备案：浙工商个〔2013〕7 号	粮食专业合作社 2008－6－16； 产业政策、测土配方：浙农专发〔2007〕70 号
6	河南			辅导员工作规程：豫农经管〔2011〕1 号

续表

	地区	条例、登记及相关管理工作、示范章程	加快发展农民专业合作社意见	相关政策
7	天津		加快发展：津政办发〔2013〕13 号； 津政办发〔2013〕13 号	示范创建：津农委〔2014〕46 号；津财农联〔2014〕219 号
8	安徽		皖政：〔2012〕124 号	
9	福建			资金互助：闽政办〔2012〕152 号
10	江苏	条例：2011－11－23； 登记：苏农经〔2008〕14 号； 登记：苏农经〔2007〕14 号		苏国税发〔2011〕182 号； 苏地税发〔2011〕90 号； 苏农社〔2011〕5 号； 苏农社〔2011〕4 号
11	江西	条例：2011－12－1	规范化建设：赣农字〔2007〕95 号； 发展若干意见：赣农字〔2007〕49 号	
12	海南	条例：2011－11－30		
13	山西	条例：2011－9－23	晋组发：〔2010〕15 号； 示范：晋农（经）发〔2009〕7 号； 规范化建设：晋农经发〔2014〕10 号	金融服务：晋农（经）发〔2007〕1 号
14	重庆	条例：2011－3－25	渝办发〔2008〕364 号	渝农发〔2009〕120 号
15	上海		沪府发〔2008〕54 号	
16	福建			发展专项规划：闽政〔2011〕65 号
17	厦门		厦府办〔2010〕108 号	厦财农〔2010〕17 号
18	四川	实施办法：第 49 号	川府发〔2008〕5 号	

续表

	地区	条例、登记及相关管理工作、示范章程	加快发展农民专业合作社意见	相关政策
19	陕西	办法：2008－1－1；示范章程：陕农发〔2008〕8号	陕政发〔2009〕19号；陕工商字〔2009〕1号；规范化建设：陕农业发〔2011〕84号	陕农业发〔2009〕88号
20	辽宁	办法：2010－1－8		资金互助：辽农〔2010〕336号
21	安徽	办法：2010－4	皖农合〔2009〕260号	信息化：皖农合〔2009〕51号
22	山东	条例：2010－3－31	青农委发〔2009〕43号	
23	广东	办法：河源市2007－12－4		粤府办〔2007〕104号
24	甘肃		甘农牧〔2009〕464号；甘南州2009年9月7日；平凉市委办发〔2007〕96号；示范建设：甘农牧经〔2007〕311号	金融：甘农牧经〔2008〕411号；组织建设实施方案：甘农牧〔2008〕228号
25	黑龙江	条例：2010－3－1		
26	青海		青政办〔2009〕105号	
27	新疆	登记：新工商企登〔2013〕130号	新政发〔2011〕19号	

2008～2014年共6年（除2011年外）陆续出台的中央一号文件，也重点强调了尽快制定合作社的相关扶持政策的意见和具体办法。这些都为促进我国农民合作社的发展，提供了很好的外部制度环境。

一是把合作经营、合作经济和农民合作社作为构建新型农业经营体系、创新农业经营方式和完善农村基本经营制度的未来农业发展方向的重要内容。十八大报告提出，“坚持和完善农村基本经营制度……发展农民专业合作和股份合作，培育新型经营主体，发展多种形式规模经营，构建集约化、专业化、组织化、社会化相结合的新型农业经营体系”。同时，十八届三中全会《中共中央关于全面深化改革若干重大问题的决定》（以下简称《决定》）强调，“坚持家庭经营在农业中的基础性地位，推进家庭经营、集体经营、合作经营、企业经营等共同发展的农业经营方式创新”，“鼓励农村发展合作经济，扶持发展规模化、专业化、现代化经营”，这为坚持和完善农村基本经营制度、创新农业经营组织指明了方向。以农民合作社为主体的合作经营制度已成为激发我国农村基本经营制度改革潜力的关键制度安排。

二是合作社是以农民为主体的利益共享、风险共担的农业经营组织。一方面，从实际发展情况看，以农民为核心成员的合作经营、合作经济已经表现出较强的制度优势，农民生产经营规模不断扩大，市场竞争力不断提升，农民收益不断增加；另一方面，从内部运行机制来看，农民合作社之所以能迅速发展、成长和壮大，得益于其内部运行机制是以农民为主体的利益共享、风险共担的农业经营组织。我国农业产业化进程中集体经济组织“统不起来”、技术部门“包不下来”、农民单家独户“办不起来”的困难，使小规模分散农户与市场之间、农业与市场之间，难以形成一种以经济联系为纽带的组织网络。从交易成本角度来说，农民合作社作为新型农业经营主体之一，在增加农民收益、降低交易成本方面具有重要的作用，同时，在降低农业生产和经营风险、提高农业组织化程度方面表现出较强的生命力。从规模经济角度来说，农户相对于中间商、市场等交易对象，有生产规模小、谈判能力低等劣势。为此，可以通过合作社获得大量的经营业务来实现规模经济，即通过集中买卖来降低生产和交易成本，通过集体谈判来改变交易中的弱势地位。

三是农民合作社成为赋予农民更多财产权等制度安排的政策执行主体之一。政府扶持政策可以减少合作过程中产生的决策成本，降低生产经营风险。从制度功能来说，农民合作社制度充分发挥了政策制度在分配和激励机制方面的功能。《决定》“鼓励承包经营权在公开市场上向专业大户、家庭农场、农民合作社、农业企业流转”，这意味着农民合作社可以通过参与承包经营权流转的过程，尝试进行集体经济股份制改造，扩大农业生产规模经营，完善和创新农村基本经营制度，从而有效突破农业发展中规模小、收益低等瓶颈。

四是农民合作社成为深入推进和落实政府支农政策的重要突破口。《决定》指出，“允许财政项目资金直接投向符合条件的合作社，允许财政补助形成的资产转交合作社持有和管护，允许合作社开展信用合作”。这表明农民合作社将承担部分政策扶持项目，从实践来看，这可以充分发挥农民合作社的正外部性，解决政府扶持政策落实难、扶持局限等问题，提高政策效率。

总之，政府制定有关农民合作社的扶持政策时，一方面通过市场干预赋予其一定“特权”，另一方面考虑其市场主体的身份，又须留出市场规律发挥作用的空间，使其在竞争中焕发生机。因此，“如何合理平衡农民合作社自治与政府规制之间的关系”是当前我国制定促进农民合作社发展、提高支农政策效率和增加制度供给等一系列制度安排的急需解决的问题。

（二）研究视角和目的

通过文献综述可知，对有关农民合作社运行机制、产权和内部治理制度问题的研究已较为深入，但对与农民合作社发展阶段相适应的外部制度环境的研究还比较少，只有少量文献对中央和各地方出台的相关指导意见和扶持政策进行了梳理。随着我国农民合作社发展不断规范，农民合作社对政府制度供给的需求已经从内部的治理制度逐步转为外部的治理环境的制度安排（如财政、金融、税收）。因此，本书以此转变为切入点，利用产权理论、生产、信息费用和组织、新制度经济学，对有关农民合作社的扶持政策制定、采纳和执行等几个阶段进行研究，试图构建农民合作社的扶持政策体系，来解决农业中市场失灵等问题，完善我国农民合作社内部运行机制，促进农民合作社规范发展。

因此，“政府为什么扶持农民合作社发展?”“如何落实和完善有关扶持政策?”“政府制定合作社发展的扶持政策导向如何?”“农民合作社与政府如何构建扶持政策框架?”对这些问题的探究和研究，是本书探讨的基本出发点。

（三）研究意义

一是有利于促进农民合作社规范、健康地发展。相对于其他经营主体来讲，农民合作社的发展还处于不断摸索的过程当中，其内在运行机制和外部制度环境方面也在逐渐完善。一方面，依据法律、法规对其组建的基本原则、成员、组织机构和章程、利润分配等要素做了规定，农民合作社成为农民平等参与市场竞争的重要农民合作经济组织；另一方面，通过前期的探索和研究，在充分保障社员产权制度和治理机制等扶持政策的制度安排上力度不断加大、内容也不断完善丰富，为促进农民合作社规范健康发展提供了外部制度环境。

二是有利于完善农民合作社的扶持政策体系。与推进新型农业经营体系建设和更好地发挥政府作用的要求相比，农民合作社扶持政策的力度与效率仍有较大提升空间。当前和今后一段时间，扶持政策更应着眼于提高支持农民合作社扶持政策的精准性和有效性，提升农民合作社的市场竞争能力和可持续发展能力，针对扶持政策指向性不明确、持续性差、可操作性低和落实不到位等问题，进一步明确扶持政策的环节、重点、手段、协调和服务等任务，加大对农民合作社的政策保护力度，不断完善农民合作社的扶持政策体系。

二、文献综述和创新之处

我国农民合作社的制度形态更多地体现着中国特色农业发展制度需求的复杂利益机制，同时，又内蕴着中国农业发展制度供给的特殊约束机制，更隐现着中国农业发展制度均衡的多元激励机制。因此，关注并深入研究我国农民合作社规范发展、内在制度安排和外部制度环境建立等问题，成为我国农业经济领域尤其是构建新型农业基本经营制度的核心内容。

需要说明的是：首先，本书不涉及国外相关农民合作社扶持政策的研究；其次，本书是对2007年颁布《合作社法》以来尤其是十八大以来的相关扶持政策的研究成果的梳理与综述；最后，本书仅对农民合作社的扶持政策进行研究，未涉及其他经营主体的研究综述。本书以研究主题为核心，分别从规范农民合作社运行机制和构建外部制度环境两个方面，对农民合作社扶持政策的研究成果进行了梳理。

（一）国内研究文献

2007年以来，以完善法律为核心，规范农民合作社内在运行机制的研究成果较多，其未来发展重点也日益清晰。而有关构建农民合作社外部制度环境的扶持政策研究则刚刚起步，其框架与未来政策导向还有待进一步明确。考虑到农民合作社的发展规律，以及我国农业发展所面临问题的复杂性和长期性，目前和今后相当长一段时间里，都应持续关注和研究农民合作社发展的规范问题，并加强对构建促进农民合作社持续、健康发展的外部制度政策体系的研究。

1. 规范发展问题

张晓山（2007、2012、2014）通过对农民合作社面临的挑战、可持续与健康发展等几个问题的全面研究，指出：中国农民合作组织有一个自然发展的过程，不可超越或跨越式地发展，既要坚持市场导向又要保持合作社质的规定性，区分和界定经营主体的性质。同时，张晓山（2014）、徐旭初（2014）也指出，要正确处理政府扶持与合作社内生发展之间的关系，淡化、削弱政府行政色彩，这是合作社可持续发展的关键所在。徐旭初（2014、2015）强调，加强合作社规范化建设是其组织化的核心，也就是说，要在保持合作社生命力和活力的前提下，在符合法律基本要求和体现合作社基本思想两个层面上，加强合作社的规范化建设。

2. 完善相关法律和法规制度安排

张晓山（2014）指出，充分保障农民社员利益的产权制度和有效的激励机制是农民合作社可持续发展的重要条件。从发展现状来看，有效、合理的制度安排与农民合作社的发展现状之间还存在一定的可调整空间，如孔祥智（2014）指出，盈余分配问题、联合社问题、土地股份合作社问题、规范化问题和范围问题都是需要在修改法律过程中认真研究的重大问题。张晓山（2015）在修订《农民专业合作社法》议案中提出，《合作社法》已实施了 7 年，一些方面已难以适应实践发展的需要，如入社主体、承包土地经营权作价出资入股合作社、联合社注册登记、开展信用合作等方面，均需修订法律，做出相应规定。孔祥智（2015）通过分析村集体经济组织、企事业单位职工领办的农民合作社等各类资产权属关系的事例指出，部分合作社之所以发展不规范，产权关系模糊是根本原因。

3. 完善外部制度扶持政策体系

农民合作社的发展离不开政府政策的扶持。如苑鹏（2009）指出，早在2001年，合作经济组织就与龙头企业等其他市场主体享有相同的扶持政策优惠；2002年，政府安排了财政扶持试点。张晓山、苑鹏（2014）通过对2004～2013年中央一号文件对农民合作社扶持政策的系统研究提出，中央和地方均要安排专项资金，支持农民合作社发展，不断提高财政扶持力度。从财政专项资金的效果看，虽然扶持规模有限，但东、中、西部试点的生产性和服务经营性基础设施均有所改善，带动了相关优势产业的发展，吸收了更多农民入社，稳定了农产品市场价格。

从财政扶持政策的内容和程度看，徐旭初（2014）指出了存在的行政介入不当、制度供给不足等问题。从政策执行角度看，苑鹏（2009、2014）和任梅（2014）认为，存在体系不完备、缺乏具体实施细则、扶持资金的目标群体瞄准过窄、财政资金的公平性难以体现等问题，财政如何科学有效地支持农民合作社发展，则成为一个关键和急迫的问题。张晓山（2014）、徐旭初（2014）认为，政府的政策导向要有利于合作社内部治理结构向合作制导向演变，政府的政策要使农民清楚合作社具有什么样的产权结构、组织架构和制度安排才能得到政府的支持和保护，这样才能避免“合作社是个筐，什么都能往里装”的局面出现，中国的农民合作组织才能走上健康、可持续的发展轨道。

（二）理论依据文献

在新制度经济学中，市场、组织（尤其是企业）和制度一直是非常重要的范畴，制度是整个社会的“游戏规则”（North，1991），市场、组织是具体的制度形态。合作社作为一种制度化的经济组织，其性质与所有权形式与其他企业相比，既存在相同的产权安排也有不同之处。因此，为了研究与深入理解合作社的产权安排、产权结构及其性质，本书对相关交易费用理论、产权理论、制度变迁理论进行了梳理，找出了解释合作社内在机制的理论依据。

1. 交易费用理论

交易费用是新制度经济学最基本的概念。交易费用思想是科斯在1937年的《企业的性质》一文中提出的。由于经济学是研究稀缺资源配置的，交易费用理论表明交易活动是稀缺的，市场的不确定性导致交易也是有风险和代价的，因而出现了资源如何配置的问题。资源配置问题就是经济效率问题，所以，一定的制度必须提高经济效率，否则旧的制度将会被新的制度所取代。这样，制度分析才被认为真正纳入了经济学分析之中。科斯认为，交易费用应包括度量、界定和保障产权的费用，发现交易对象和交易价格的费用，讨价还价、订立合同的费用，督促契约条款严格履行的费用等。

在科斯看来，若交易费用为零，则无论权利如何界定，都可以通过市场交易达到资源的最佳配置。换言之，在交易费用为零的条件下，产权界定格局与资源配置效率无关。科斯定理的理论意义是指明了无论产权归属如何，只要产权界定清楚，自由的市场机制就能导出最有效率的结果①。

① 罗纳德·科斯等著，刘守英等译，《财产权利与制度变迁》，格致出版社2014年版。徐旭初，《中国农民专业合作经济组织的制度分析》，中国经济科学出版社2005年版。

2. 产权理论

产权理论的一个重要应用领域是对企业制度的分析。阿尔钦对“产权”的定义是，“它是一个社会所实施的选择，一种经济品的使用的权利”。产权的基本内容包括一个行动团体对资源的使用权与转让权，以及收入的享用权。从经济学意义来讲，判断一种产权结构是否有效率，主要看它是否能为在它支配下的人们提供将外部性较大地内在化的激励。

正如科斯的理论所说，由于市场上交易费用的存在，就产生了企业这种可以大大节约这些费用的制度。绝对的个人私有产权，只有与其他的私产拥有者进行权利的组合与交换后，才能更好地发挥产权对人们的激励功能。但是，尽管企业已经成为支配现代经济增长的一种主要组织形式，可由于它所带来的权利结构的变化，尤其是作为追求规模经济结果的现代股份公司的创新，仍使许多人产生了对资本主义制度的争论。

阿尔钦、登姆塞茨《生产、信息费用与经济组织》一文主要解释那些决定" 通过专业化与合作生产的所得是否比在一个组织内或是通过市场更高" 的条件，以及这种组织的结构。经分析得出，企业并没有比普通市场更优越的命令、强制和纪律约束等权力，它本质上仍是一种合约结构。企业之所以会产生，主要是由于单个的私产所有者为了更好地利用他们的比较优势，必须进行合作生产，合作生产的总产品要大于他们分别进行生产所得出的产出之和，这样，每个参与合作生产的人的报酬也比分别生产时更高。但是，由此也带来一个致命的问题，即在合作生产过程中，需要对每个成员的生产努力程度及应得的报酬进行监察和计量。由于成员之间对行为的监察是需要费用的，这就导致合作成员中的某些人可能偷懒，或选择更多的休闲，因为他偷懒带来的费用可能有一部分会被强加给其他人。这样会降低合作组织的效率。所以，为了减少偷懒，合作成员之间宁愿达成一个协议，即由某人专门作为监督者来检查成员的投入绩效。而且为了使监督者施行更有效的监督，合作成员会同意他获取高于规定数额的剩余产品，并授予他对合作成员的净收入和其他投入支付报偿的权利。

而对组织结构的不同类型（非营利、利润分享、公司、雇员联盟、合作社以及合伙制）的分析，并通过对不同投入形式的分析表明，他们倾向于由企业所有，而不是由企业所雇用。因此，企业的权利结构是：由拥有私产的单个所有者所组成的合作生产和一个专门监察合作成员行为的团体所构成，这个团体拥有获取剩余的权利，并有权在独立于其他合作成员的情况下，与其中某些合作成员进行再谈判，它也可以将这些权利出售给其他团体或个人。

3. 制度变迁理论

在影响人的行为决定、资源配置和经济绩效的制度变量中，产权是较为重要的变量之一，除产权外的其他一些变量也会对上述方面产生影响，需在更广的制度内涵中来考虑。如新制度学派将制度纳入经济模型后的分析，其基本思想是：制度是内生的，它对经济增长的影响重大。舒尔茨的《制度与人的经济价值的不断提高》一文在用现代经济方法来分析制度问题方面做出了较早的尝试。诺思对制度变迁理论有比较深刻的理解。诺思与戴维斯在《制度变迁与美国经济增长》一书中，为了探讨美国经济制度结构的变化历程，构建了一个比较成型的制度变迁理论框架。为了陈述方便，他们区分了制度环境与制度安排：制度环境被定义为“一系列用来确立生产、交换与分配的基本的政治、社会与法律规则”，如支配选举、产权与合约权利的规则；

而制度安排则被定义为“支配经济单位之间可能合作与竞争方式的规则”。制度安排的创新到底会选择哪一种形式，取决于每一形式的成本与收益，以及受影响团体的相对市场和非市场优势。拉坦的《诱致性制度变迁理论》一文将舒尔茨和诺思等的理论推进了一步，他认为制度变迁不仅是由对更为有效的制度绩效的需求所引致，也是关于社会与经济行为以及组织与变迁的知识供给进步的结果，其中尤其关注了官僚主义行为和集体行动的问题。林毅夫的《关于制度变迁的经济学理论：诱致性变迁[①]与强制性变迁》一文研究了制度的功能和制度不均衡的原因。他认为，人之所以需要制度，是因为一个理性人的能力有限，他在做决策时要支付信息费用，以应对生活环境与生产中的不确定性。因而，一方面，人需要用制度确保其生命周期的安全；另一方面，又需要用制度来促进他与其他人的合作，将外部效应内在化。

综上所述，这些理论对合作社发展具有重要的支撑作用，主要表现在三个方面。

一是产权制度。合作社与社员之间是提供服务与被服务的合约关系，但又不同于分成制、固定租约和所有者几种。合作社在以下几类产权关系上的界定应更加明确。①农民合作社应明确各类资产的权属关系；②村集体经济组织、企事业单位、种养大户等领办农民合作社的，应严格区分其与农民合作社之间的产权；③农民合作

① 罗纳德·科斯等著，刘守英等译，《财产权利与制度变迁》，格致出版社2014年版。诱致性制度变迁是指一群（个）人在响应由制度不均衡引致的获利机会时所进行的自发性变迁。诱致性制度变迁又可分为正式的制度安排和非正式的制度安排。正式的制度安排中规则的变动和修改需要得到受它所管束的一群（个）人的准许；非正式的制度安排中规则的变动与修改完全由个人完成，如价值观、伦理规范、道德、习惯、意识形态等。其中，意识形成也是一种常被用来减少费用的重要制度安排。

社公积金、财政补助资金形成的财产、捐赠财产应依法量化到每个成员；④社员以其账户内记载的出资额和公积金份额为限对农民合作社承担责任；⑤财政补助形成的资产转交农民合作社持有和管护的，应明确资产权属，建立健全管护机制；⑥农民合作社接受国家财政直接补助形成的财产，在解散、破产清算时，不得作为剩余资产分配给社员。

二是合作中监督和报酬的计量。合作社社员之间的合作更多的是技术性或专业性技能的团队生产，合作关系更多是发生在村级或乡级之间，社员之间或是亲戚关系或是邻里关系，彼此能更好地知道其他人的工作特征和偷懒倾向，因此，由相熟的农民之间组成的合作社经济组织可以形成有效监督，减少监督费用，降低交易成本，保证生产效率。

三是合作中的资源配置效率。合作社社员之间不仅是提供服务与被服务的关系，更深层的关系是利用社员与合作社之间的托管、流转、入股的合作方式进行盘活土地、劳动力、资金等资源的活动行为，也是不断完善土地等资源变股权、社员变股民、资金变股金等产权制度的过程。应不断明确界定其产权范围，从而促进合作社与社员之间按双方认可的方式进行合作，实现资源的最优配置。

（三）国务院发展研究中心研究文献

从国务院发展研究中心（以下简称“中心”）有关农民合作社发展的调研报告及研究成果来看，主要可分为两个方面。

1. 针对农民合作社发展过程中遇到的重点和难点问题的案例研究

一是金融融资方面。程郁、王宾（2014）在对“两权一房”抵（质）押贷款、拓宽农民融资渠道进行相关分析中得知，以股份经济合作社股权质押贷款的形式有着较广的受众，贷款户占总贷款户的36.4%，已经成为拓宽农民融资的重要渠道之一。

二是完善经营制度、创新农业经营方式方面。刘守英（2013）以成都崇州市为例，分析了建立农地股份合作社和职业经理人制度，认为农地股份合作社在节约成本、提高单产、更专业管护和提高产中规模效益等方面具有优势，为完善农业经营制度、解决农民合作社发展的问题提供了重要的借鉴意义。

2. 有关农民合作社发展现状和扶持政策体系的整体性研究

如韩俊、秦中春、张云华、罗丹（2006）的系列报告涉及了农民合作经济组织的现状、问题、影响因素、支持政策评价和政策框架的整体性研究，从研究的结果与当下农民合作社发展实际状况的比较来看，农民合作社仍存在规范不足、发展困难以及扶持政策效果评价较差等问题。

（四）文献综述

综上所述，对于有关农民合作社政策的研究主要有两个特点。一是比较学术的文献较多，初步形成了我国农民合作社理论体系框架。例如，有关农民合作社制度安排现状的研究，如产权、制度变迁、治理、绩效和利润分配等，解决了合作社自身发展过程中存在的问题，为我国农民合作社可持续和健康发展提供了很重要的理论指导。二是中心有关扶持政策的案例研究有了一定基础。从政府扶持政策的框架构建来讲，按照中心研究提出的思路，结合目前农民合作社发展表现出的新趋势、新特点及外部制度环境的不断完善，有必要进一步总结在金融融资、农地入股方面成功案例的经验，继续深入研究和不断完善有关农民合作社扶持政策体系的制度安排和制度环境。

因此，本书以此为切入点，对不同经济发展水平、不同社区和社会资源、不同产业领域、不同类型企业家的各种合作社的描述性和解释性案例进行研究，以期通过多案例、重复性的跟踪研究，提升对不同类型合作社制度研究结论的解释力，探索符合合作社发展、落实好相关扶持政策的有效机制，进而充分发挥政府引导性作用，促进农民合作社可持续、健康的发展。

本书的创新之处在于：利用交易费用理论、产权理论、生产、信息费用和组织、制度变迁理论和案例方法，较为系统地对有关农民合作社外部制度环境和制度安排进行了研究，以期构建和完善有利于农民合作社自主、自强和规范发展的扶持政策的体系。

三、基本思路与研究方法

（一）基本思路

本书以“农民合作社扶持政策与制度研究”为研究主题，围绕如何提高扶持政策效率这一核心问题，研究两个关系：一是农民与合作社的关系。探求并回答“农民为什么加入合作社?”“合作社内部治理结构是什么?”“合作社发展是否可持续?”三个问题。二是合作社与政府的关系。探讨并分析“政府为什么扶持农民合作社?”“财政扶持政策的效果如何?”两个问题。

关系一：农民与合作社的关系。合作社本质上是一种非企业制度的经济互助组织，是界于企业与公益组织之间的一种合作制度，与股份制企业等组织的不同之处主要在于合作组织中并未明确界定所有权。本书依据交易费用、产权理论、生产、信息费用、组织和制度变迁理论，研究合作社在发展过程中的制度创新情况，揭示其内部治理结构，以及其有别于企业制度的特征因素，如产权制度、合作中监督和报酬的计量、合作中的资源配置效率。

关系二：合作社与政府的关系。本书系统梳理了有关农民合作社的扶持政策，试图摸清目前相关扶持政策的落实情况，总结政府在扶持农民合作社的制度安排方面存在的问题，最终确定并概括出了扶持政策框架，设计了扶持政策的制度内容，并提出了相关建议。

（二）研究方法

研究方法包括文献分析、入社调查和问卷调查、实地调研等。其中，调查样本包括120家全国示范社和优秀合作社。

第二章

我国农民合作社的制度特性

合作社作为新型经营主体之一，在提供农业规模生产服务、带动小农户进入大市场等方面发挥着重要作用。从资产专用性、信息不对称性以及外部性所引致的交易成本较高的领域来看，与投资者所有的企业相比，合作社是一种有利于节约交易费用的制度安排（马彦丽，2008），已成为农业经营体制创新的制度选择。因此，科学地把握合作社的质性规定与制度安排，将有助于我们准确地理解农民、合作社、政府三者之间的关系，回答"农民为什么参加合作社?""合作社是否可持续?""政府如何进行财政扶持?"等问题。

一、农民合作社的概念

2007 年施行的《农民专业合作社法》提出："农民合作社是在农村家庭承包经营基础上，同类农产品的生产经营者或者同类农业生产经营服务的提供者、利用者，自愿联合、民主管理的互助性经济组织。

"农民合作社以其成员为主要服务对象，提供农业生产资料的购买，农产品的销售、加工、运输、贮藏以及与农业生产经营有关的技术、信息等服务。”

《农民专业合作社法》在组建合作社时应当遵循的原则中规定：“成员以农民为主体，盈余主要按照成员与农民合作社的交易量（额）比例返还。”第十五条规定：“农民专业合作社的成员中，农民至少应当占成员总数的百分之八十。”第三十七条规定：“按成员与本社的交易量（额）比例返还，返还总额不得低于可分配盈余的百分之六十。”

综合上述概念和规定，我们可以从以下四个方面把握合作社概念。第一，合作社是一个经济组织，同时也承载着许多社会功能，这区别于松散的、非营利性质的社会团体，也不同于股份制公司和企业。第二，合作社是弱者的联合互助组织，以独立的农户为主体，由生产者联合拥有；在生产层次上，社员是独立决策的，有加入和退出合作社的自由。第三，合作社的所有者通常就是其使用者，即合作社的所有者和惠顾者身份同一。第四，合作社谋求社员利益最大化，在与其成员的交易中是不以营利为目的的。

从农民合作社类型看，我国合作社实践活动丰富多彩，合作社的分类依据根植于农业生产的自然性、分散性和家庭的特性，综合地可概括为综合性合作社与专业性合作社。综合性合作社是供销、信用、技术服务三位一体，社区合作融入其中，带动农户组成的合作社。专业性合作社包括社区合作社、信用合作社、供销合作社等。从我国发展实践来看，尽管《农民专业合作社法》颁布后，专业合作社成为主要形式，但两种类型的合作社将长期并存、共同发展，政府应分别、逐步规范，明确相应的法人地位和责任形式，使其尽可能成为独立的财产主体。

二、农民合作社的制度特性

（一）从合作社的基本原则看合作社的质性规定

国际合作社原则是在“罗虚代尔原则”基础上制定的合作社基本原则，是各国判别合作社的标准，主要内容包括8点：①自愿入社；②民主管理（一人一票）；③现金交易；④按市价销售；⑤只销售货真量足的商品；⑥按惠顾额分配盈余；⑦重视对社员的教育；⑧政治与宗教中立。然而，在实践中很难遵守上述的全部原则。考虑到各国的经济、社会发展环境不同及合作社实践的多样性，故合作社原则也在不断修改，但其中最核心的基本原则没有变化，主要包括三点，即自愿入社、民主控制和按惠顾额分配盈余且资本报酬有限。这些原则也就成为判定一个组织是否为合作社的经典原则。

（二）从我国合作社发展实践看合作社的质性规定

1. 服务成员，民主控制

结合定义和实践经验可知，合作社质的规定性区别于其他组织形式的特性之一是服务成员、民主控制。服务成员主要是指合作社以社员为服务对象，农民采取资金、土地等形式组建合作社，社员均可享受由合作社提供的统一购买生产资料、统一技术指导、统一加工和统一销售等服务。民主控制的含义主要有两点：一是基层合作社，主要体现在社员可以参与合作社重大事务的管理和决策工作当中，即一人一票；二是联合社，主要采取比例原则，按照基层合作社的成员数、投入、交易额等作为权重，来决定分配决策权。但同时也要看到，合作社的质性程度因时、因地和因社而异，理解其质性规定时也要围绕

“合作社是否为农户（社员）提供多种专业化服务、是否采取民主控制”这一核心本质进行科学把握。

2. 生产在家，服务在社

我国农村基本经营制度是以家庭承包经营为基础、统分结合的双层经营体制。合作社组织形式是在坚持家庭承包经营的基础上，根据社员的需求在产前、产中和产后等若干环节开展的合作经营，它突破了其他经营方式在生产要素组合等方面的限制，保持了农民独立经营的身份，形成了“生产在家，服务在社”的特有组织特性，为践行“统一经营”制度发挥了重要作用，实现了“生产小规模、服务规模化”的农业经营模式目标，成为提高市场竞争力、增加农民收入的重要组织形式和主要途径。

3. 追求公平，讲求效率

相对其他经济组织形式而言，合作社具有“追求公平，讲求效率”经济社会双重属性。如“一人一票”的民主管理机制，确保了社员可以参与合作社的重大决策，体现了公平原则；按交易量（额）返还机制，体现了合作社必须以服务社员为核心的制度特性。“入社自愿，退社自由”的制度，是合作社运行机制中的重要组成部分。社员既是所有者，又是被服务的对象，只有社员愿意向合作社投资和持续惠顾合作社，合作社才能运行和发展。

因此，合作社质的规定性，可以体现为“服务成员，民主控制”的公平参与，“生产在家，服务在社”的合作模式，“追求公平，讲求效率”的双重属性，而这些是扶持政策的依据和基础。同时，合作社通过不断进行组织创新和结构调整，形成维护农民利益共同体，质性规定的特征也因时、因地、因社而有所差异，呈现出涉农工商资本或少数能人控制、多数普通社员依附的产权结构等成员异质性情况。因此，判断其质的规定性，应结合我国合作社组织发展实践，认真分析其运作方式和功能，尤其要看其在治理结构、盈余分配这两个方面是否能体现合作社的特征，引导合作社向提高市场竞争力、凝聚力和吸引力方向演进，不断提高农民组织化程度和市场竞争力。

三、合作社与合作经济、合作经营的关系

十八大报告和十八届三中全会的《决定》中提出的发展农民合作社、推进合作经营、鼓励农村发展合作经济三个方面，涉及三个概念，基本涵盖了构建新农业经营体系的核心要素。因此，理解合作社概念及制度特性，需深刻把握合作经济和合作经营的基本内涵。

合作经济是与集体经济、股份经济、合伙经济相对应的，以服务成员、民主管理为原则的互助经济形态；合作社是这种经济形态的一种典型组织形式；合作经营是依据合作经济原则，采用合作社组织形式的具体生产经营的制度安排，如生产经营的手段、合作形式、合作模式和实现途径等。合作经济不同于集体经济、股份经济、合伙经济，更不同于过去的合作化运动①。合作经济与其他经济形态虽然在外延上有所重叠，但绝不能混为一谈。合作经济是从家庭承包经营制度基础上发展出来的经济形态，更多体现市场经济体制下自愿、独立、自主的合作，最为关键的是农民在市场诱致和政府引导下的制度创新，是农民亟待提高农业组织化程度、提升市场竞争力的制度选择。

合作经营应以提供规模化服务、实现规模化经济为基本发展途径，不仅体现内部规模经济，更重要的是实现外部规模经济，即通过

① 徐旭初，“以改革精神推进农村合作经济事业”，农村经营管理，2014 年第 1 期，第 18～19 页。

农户之间的联合提高农业组织化程度，进而实现外部规模经济。因此，合作经营可以作为在农村基本经营制度的基础上实现规模经济的重要载体，为解决农户小规模的分散经营和农村劳动力的非农化转移等问题提供可能。

四、农民合作社制度环境分析

我国农民合作社制度起步晚，尚处于初级阶段，各项制度建设水平还较低（具体见表2－1）。

表2－1　农民合作社的农业制度环境与经营体制情况

制度环境	制度分类	制度表现	农民专业合作社属性定位
经济制度环境	基本经济制度	公有制为主体	集体所有制（宪法）
		多种所有制	
	市场经济制度	企业	法人
		合作社	为弱势产业、弱势群体服务
		其他	个人
	农村基本经营制度（统分结合，双层经营）	村级集体经济组织	集体组织
		合作经济组织	农民专业合作社
		官方的服务组织	“七站八所”、供销社、信用社
政治制度环境	党和国家的扶持政策	现代农业经营组织	扶持合作社，就等于扶持农民、农业、农村
	乡镇政权建设与村民自治制度	政社不分、政企不分的组织	合作社的经济功能
法律制度环境	农民专业合作社	规范发展	
	其他法律法规	登记管理条例、示范章程	

参考文献：乔俊国，“浅析农民专业合作社制度环境”，《中国证券期货》，2009年。

从所有制角度看，农民合作社属于合作经济的范畴；从市场经济制度角度看，合作社为弱势农业产业服务，在农户与市场之间起桥梁作用，有效地解决了小生产与大市场脱节的问题，其产生与发展符合市场经济规律；从农村基本经营制度角度看，农民合作社是弱势的中小农户组织，保护农民自身权利、增强其市场竞争能力、降低交易成本、分享附加利润、形成品牌优势，成为农业产业化经营的重要形式。

从政治制度环境看，合作社是现代农业经营组织，获得国家各项政策扶持。同时，随着乡镇政权建设与村民自治制度不断完善，“政社分开”“村社分开”初现成效，为农民合作社发展提供了良好的政治制度环境，有利于保障农民合作社独立经营的权利，充分发挥其经济功能。

从法律制度环境看，《农民专业合作社法》界定了农民专业合作社的定义，确认了其市场主体地位，赋予其法人资格，并对其设立登记做了规定，健全了其组织机构，规范了社员对合作社的民主管理，规定了进退机制以及社员的基本权利和义务，强调了农民合作社的财务管理和利益分配，明确了国家对农民合作社的扶持政策。同时，其他相关法律、法规和规章的确立，也对促进农民合作社的发展起着重要作用。

第三章

我国农民合作社发展现状与存在问题

2007 年以来，尤其是十八大以来，各级政府均高度重视农民合作社的发展，致使其数量不断增加，为农民改变弱势地位、提高农业收入提供了良好的发展平台。通过采取土地托管、土地流转、土地和资金入股等经营方式，合作社向农民提供产前、产中、产后等服务，在提高劳动生产率、土地产出率和资源利用率等方面表现出良好的制度优越性，为构建集约化、专业化、组织化、社会化新型农业经营体系提供了有效途径。本书侧重于分析合作社发展的质量，关注真正在农业生产中发挥作用的合作社，总结其发展中存在的核心问题，并提出了政策建议。

一、我国农民合作社发展情况

（一）数量增长迅猛

据国家工商总局统计，截至 2014 年 10 月底，依法新设立登记合作社 124.75 万家，实有入社成员超过 9102 万人（户），约占全国农户总数的 35%。截至 2015 年 3 月底，共 25 个省份社员过万人（户），主要包括山东 109105 人（户），河南 77842 人（户），江苏 73859 人

（户），山西67860人（户），河北66717人（户），黑龙江55536人（户），浙江54349人（户），吉林46595人（户），安徽43992人（户），内蒙古43889人（户），湖北42376人（户），等等。最新数据显示，截至2015年12月底，合作社总量达到153.1万家，比上年底增长18.8%，实际入社农户为10090万人（户），约占全国农户总数的42%，较上年提高6.5个百分点（见图3－1）。

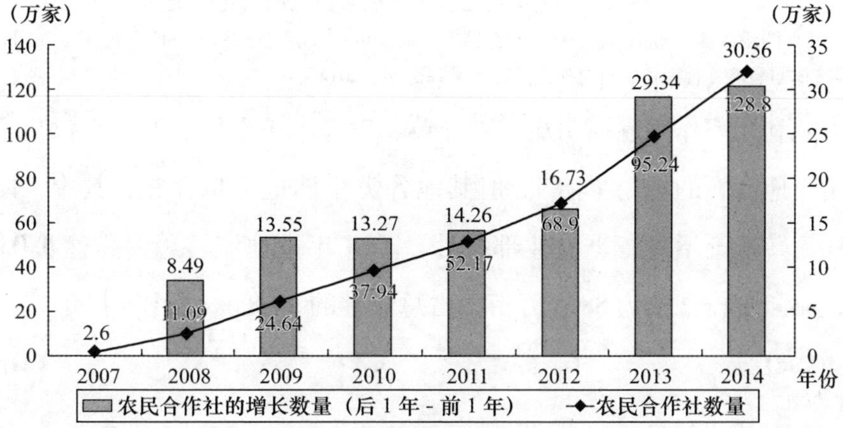

图3－1 2007～2014年我国合作社数量及增长数量

资料来源：农业部统计口径，其中，2007年工商注册数量为3.68万家。赵铁桥，"农民合作社创新与发展——带头人能力建设研讨班"的讲话，农业部农村经济体制与经营管理司农村合作经济经营管理总站，2014年。

（二）种类呈现多元化

各类合作社的比例分别为，种植类为45.8%，养殖类为28.5%，技术信息服务类为21.2%，销售类为18.5%，农资购买类为14.1%（见图3－2）。

（三）土地向合作社流转逐渐增加

土地流转形成规模经营，突破了土地资源瓶颈，呈现出农业经营主体多元化的趋势，且各类经营主体在提高土地产出率、劳动生产率

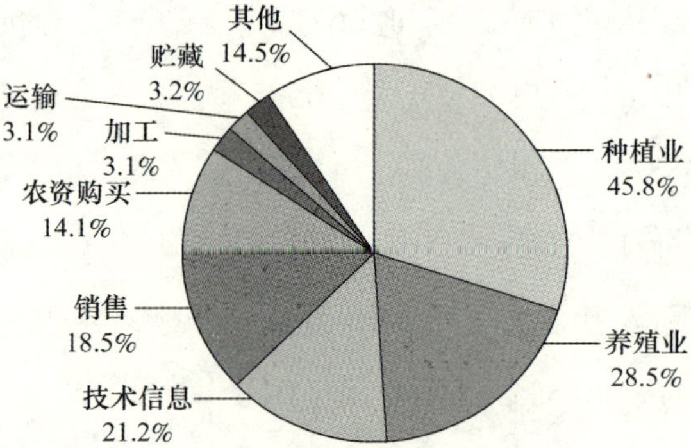

图3-2　2014年我国各种类型合作社的占比情况[①]

资料来源：赵铁桥，“农民合作社创新与发展—带头人能力建设研讨班”的讲话，农业部农村经济体制与经营管理司农村合作经济经营管理总站，2014年。

和资源利用率作用逐渐明显。刘守英、王青和王瑞民（2015）指出，农户是土地流转的重要主体[②]。但其他各类主体也大量存在，其中，向合作社流转逐渐增加。据农业部统计，2014年土地流转总面积达4.03亿亩，流向合作社的为8800万亩，占总流转的21.84%（图3-3）。

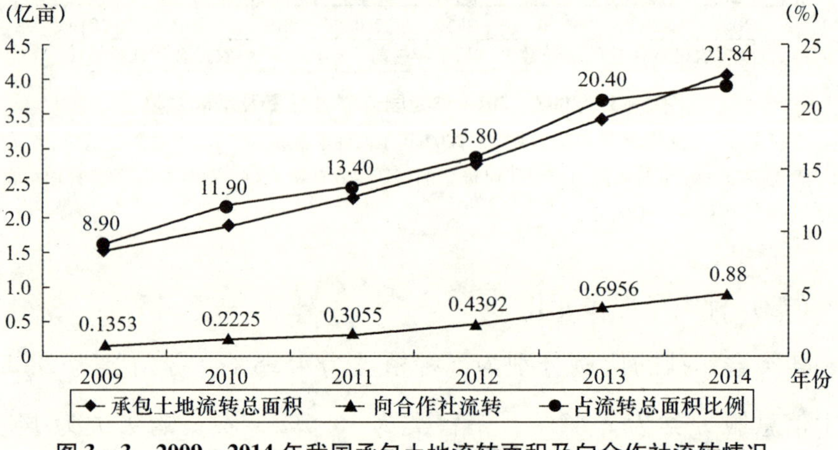

图3-3　2009~2014年我国承包土地流转面积及向合作社流转情况

资料来源：赵铁桥，“农民合作社创新与发展—带头人能力建设研讨班”的讲话，农业部农村经济体制与经营管理司农村合作经济经营管理总站，2014年。2014年资料来源于刘守英、王青、王瑞民，“中国农村土地流转和规模经营的特征与变化趋势”，《调查研究报告》，2015年第174期。

① 由于相关问卷中有的题目为多选题，导致部分调查结果的总百分比超过100%。

② 刘守英、王青和王瑞民，“中国农村土地流转和规模经营的特征与变化趋势”，《调查研究报告》，2015年第174期。农户为土地转入的主体，占58.31%，但占比呈下降趋势。

二、调查样本农民合作社的发展现状

（一）样本选择

结合我国合作社发展的现实情况，经过调查发现，若严格按照符合《合作社法》的原则，实际在运行且带动示范性较强的标准去选择调查样本，很难选出符合标准的合作社。从实践来看，现在的大多数农民合作社都是由专业协会、专业技术协会、产业化协会和联合体等提供服务的组织组建起来的，即便是结合 2007 年《合作社法》中针对合作社给出的明确定义，要辨别农民合作社的真伪，仍需结合我国合作社的创新和异质性等实际情况不断进行摸索与总结。从目前实际情况来看，我国合作社大体可分三类：第一类是由技术服务中心等集体经济组织转型组建的，第二类是涉农企业等其他组织组建的，第三类是由家庭农场或专业大户等联合农民组建的。

因此，基于上述分析，为了反映我国合作社发展的真实情况，我们在选择合作社调查样本时，借助农业部管理干部学院“农民专业合作社理事长培训班”的合作社数据库，掌握了一定数量合作社发展情况，形成了调研的基础数据库。同时，通过与参加培训的合作社的沟通与交流，同时考虑其出资、分配等情况，我们共选择 120 家合作社作为本书调研数据样本，其中，调查问卷 110 家和实地调研 10 家。

（二）样本分布情况

为了理解和把握合作社运行情况和示范社的带动作用两方面，我们针对大样本和示范性这两种类型的合作社，分别设计了两套调查问卷，共调研 110 家：其中 90 家填写“农民合作社政策扶持和政策需求调查问卷”，主要是为了了解我国农民合作社组建、发展初期的整体情况；另外20家填写“全国合作社示范社情况调查问卷”，主要是为了进一步了解合作社成长阶段的盈利和销售情况。此部分的调查结果书中会相应展开叙述。

本节先对90家调查问卷的数据进行分析。问卷共分为两部分，一部分是有关合作社发展的基本情况，另一部分是有关农民合作社政策扶持和政策需求的调查。从调查资料来看，参与调查的90家合作社均属于实际运营状况良好且示范带动效果明显的合作社，甚至有部分为国家级、省级或市级示范社，有一定的代表性。现将有关情况统计分析如下。

1. 成立时间与地区分布

调查对象中大部分合作社都是2007年以后组建的（图3－4），这主要得益于合作社发展趋于宽松的政策环境，如《合作社法》的颁布实施以及相继出台的一系列相关法规和中央一号文件等。同时，许多地方对合作社的扶持力度也不断加大。这些无疑优化了合作社发展的外部环境，降低了合作社发展成本，激发了农民发展合作社经营的热情。尤其是十八大报告和2012年中央一号文件，都着重强调将农民合

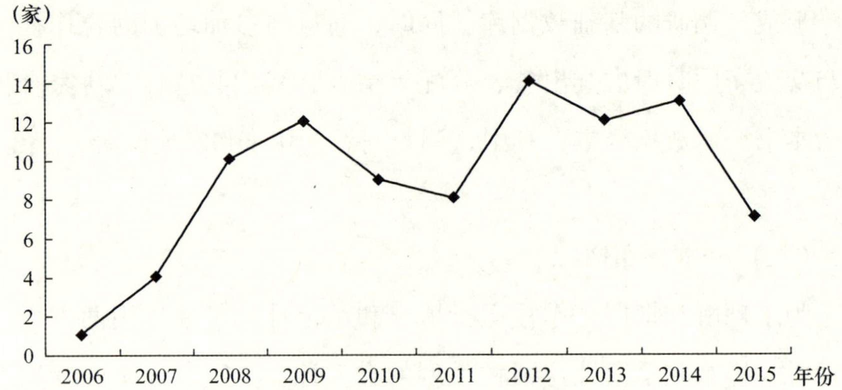

图3－4　90家合作社成立时间

作社作为政府重点扶持对象。从合作社组建的数量来看，调查样本的合作社数量增长态势与全国情况一致，均表现为2012年以后合作社数量迅猛增加。

调查样本合作社主要分布地区包括浙江、湖北、湖南、河北、河南、山东、山西、内蒙古等22个省市，其中，河北、湖北各9家，湖南、山东各8家，河南、内蒙古、浙江各7家（图3－5）。实地调研主要集中考察了河北、浙江、北京三个地区共10家左右。

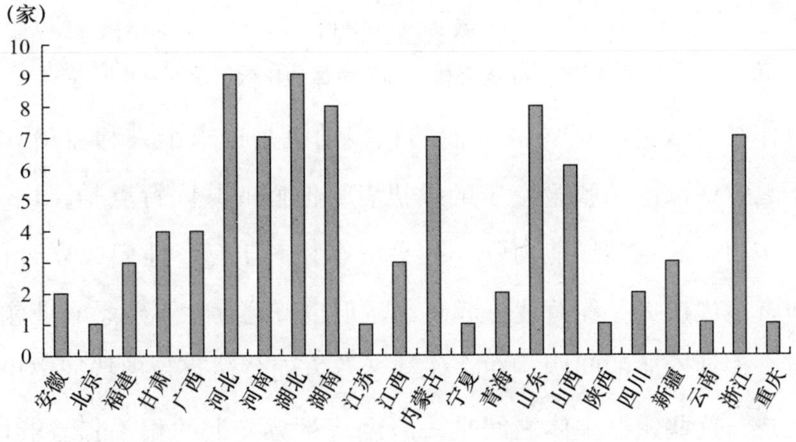

图3－5　90家合作社地区分布情况

2. 合作社领办情况及其业务范围

在合作社发展初期，合作社的领办人多以农民中能人、大户为主体。但随着政府扶持力度的不断加大，越来越多地吸引了非农产业的社会精英加盟，他们的行业背景大多十分复杂。调查结果显示，曾在县乡政府和村委会、技术服务中心或协会等部门任职的人员领办的合作社有37家，占调查样本总数的41%；由涉农企业领办的有17家，占调查样本总数的19%；种养大户领办的占24%；普通农民领办的占16%（图3－6）。

由此可见，领办主体主要是政府相关人员和涉农企业，两者之和

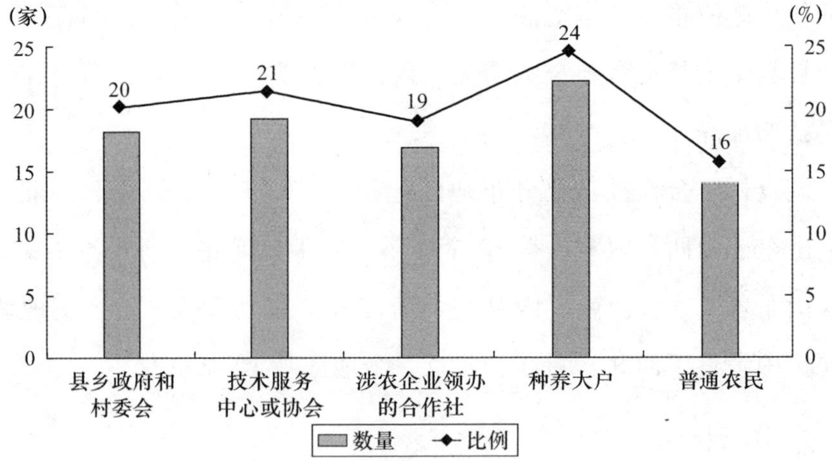

图 3－6　90 家合作社领办主体的比例情况

达到合作社总数量的 60%。他们的直接动机是追求个人利益最大化，其中不乏一些试图钻政策空子的投机者。他们的共同特点是，均有一定投资实力，并且领导能力强、社会资本相对丰富。他们成立合作社的注册资金规模大、经营业务起点高，但也普遍存在不熟悉农业领域、不了解合作社性质的问题，在合作社运营方面公司化管理特征突出。

农户与这些领办主体之间是一般经济学意义上的相关利益群体的合作关系。领办主体要利用农户满足自己的逐利目的，而普通农民由于管理能力和可获得资源有限，也是要利用领办主体的社会资源，规避规模小、生产成本高的风险，从而保障自己的收益。

从合作社从事业务范围来看，粮食、蔬菜、林果等种植服务，农资统购服务，畜牧、水产等服务，是三类最主要的业务，占比分别为 65.56%、46.67%、37.78%；同时还涉及农机、资金、土地托管、加工等各类服务（图 3－7）。

3. 核心人员出资方式及成员构成

核心人员的出资方式及成员构成一定程度上能反映出合作社内部治理结构中的民主管理情况，调查结果显示主要有两种情况。

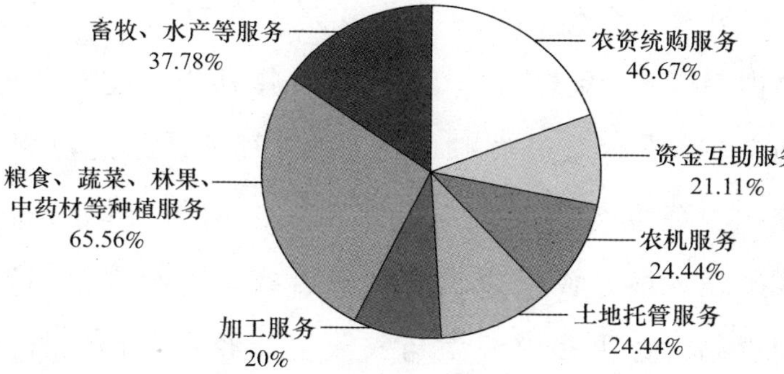

图 3－7　90 家合作社从事业务范围情况

注：问卷中此题为多选题。

一是少数人控制合作社现象明显。从数据来看，核心人员在 3～22 人的合作社占样本合作社总数的 80%，且核心人员出资占全部出资的比例为 100% 的合作社有 45 家，核心人员出资额所占比例为 90%～100% 的合作社有 6 家，占调查合作社总数的 57%；核心人员出资占全部出资的比例为 60%～90% 的合作社有 12 家。

二是也存在一部分由农民组建的合作社，实行民主管理、利益分配机制。这类由农民个人或以农户为单位共同出资、土地或农机入股的合作社共 27 家，占调查合作社总数的 30%。此类合作社更多体现了利益共享、风险共担的利益分配机制，让农民真正参与到合作当中，并以此获得收益，增加农民经营性或财产性收入（见表 3－1）。

表 3－1　　核心人员出资额所占比例及相应合作社数量情况

核心人员数量	核心人员出资占全部出资的比例	合作社数量（家）	占调查合作社总数的比例
3～22 个	100%	45	50%
	90%～100%	6	7%
	60%～90%	12	13%
	60% 以下	9	10%
以户为单位农民共同出资组建的		18	20%
合计		90	100%

非核心成员参与合作社的主要方式是资金投入，占47.78%；土地入股的占40%（图3-8）。在样本合作社中，建立了成员账户的占86.67%，没建立成员账户的为13.33%。由此可以看出，大部分合作社在建立与农民利益共享机制方面的意识不断加强，通过资金或土地入股、设立成员账户等方式，不断规范内容管理和利益分配机制，让更多农户参与农业生产经营合作过程，并分享延伸产业链带来的附加值。

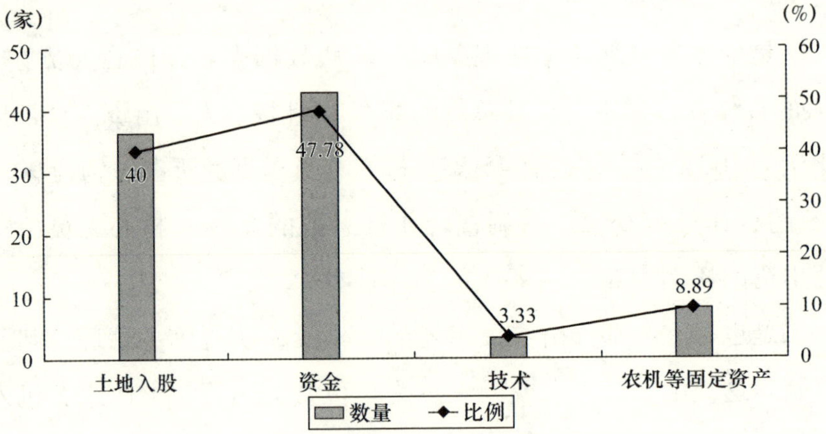

图3-8 90家样本合作社其他成员入社方式

（三）我国农民合作社发展现状

1. 大多数合作社处于起步阶段

根据调查数据显示，90家合作社中有89家均为2007年以后成立的，2012年以后注册登记的合作社数量甚至占到45%。从发展情况来看，86.67%的合作社处于起步和成长阶段，12.22%处于成熟发展阶段；从合作社理事长的文化程度和从业经历来看，70%的理事长学历为高中及专科（图3-9和3-10）。同时，结合合作社领办主体的调查数据可知，大多数领办主体原来从事的行业都与农业生产或农业技术服务相关，有一定相关经验和管理能力，很容易与农民建立合作关系。再加上他们对近年来国家的相关扶持政策比较了解，更能按照规范化要求来发展合作社。

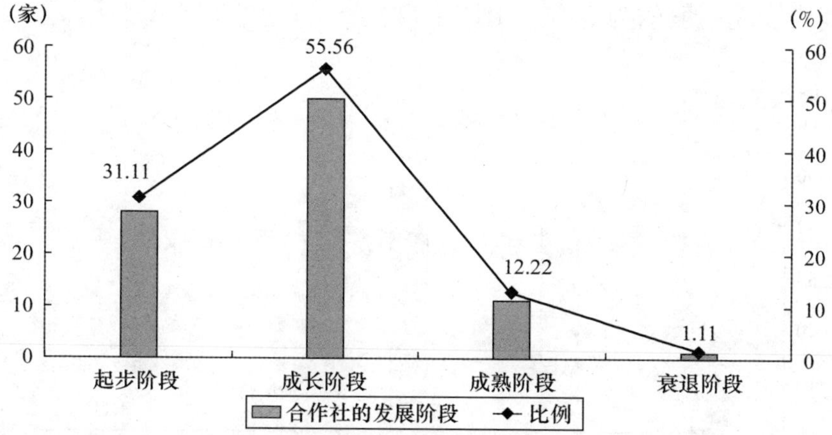

图 3-9　90 家样本合作社所处的发展阶段

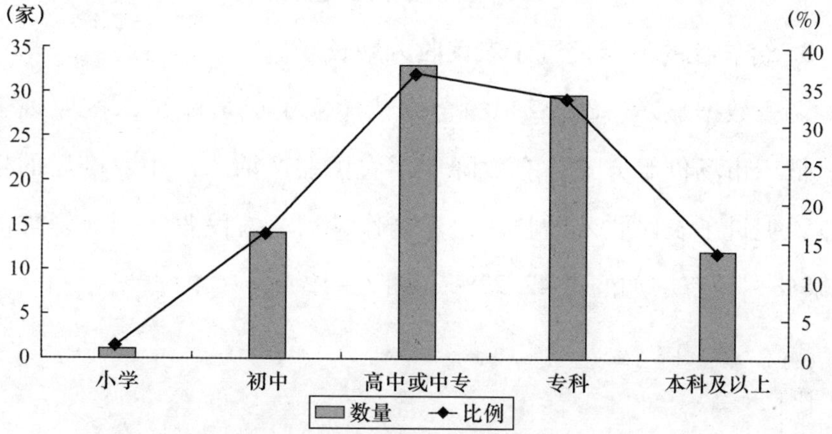

图 3-10　90 家样本合作社理事长的学历

2. 50%的合作社盈利能力一般

从农民与合作社的关系来看，农民主要通过土地托管或流转等方式与合作社建立松散的合作关系，而以土地和资金入股等方式与其他经营主体建立合作关系的模式较少。因此，合作社的运营实际上处于少数人控制的局面。同时，结合考虑领办主体的专业背景可知，由政府部门和企业领办的合作社的盈利能力更强，从调查结果显示，盈利能力很强和较强的合作社共占45.55%；而其他主体领办的合作社由于存在管理人员文化程度较低、市场意识差、管理能力弱等问题，盈利能力表现一般的为50%（图3－11）。

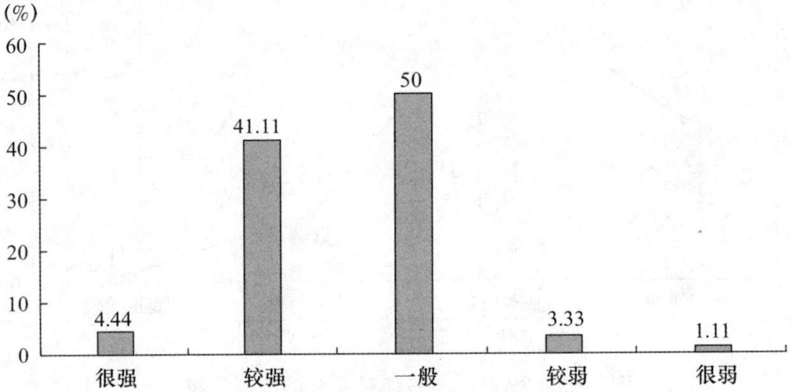

图3－11　90家合作社的盈利能力

3. 合作社的发展促进了农民收入增长

调查数据显示，86.67%的合作社建立了成员账户，按照现金返还、低于市场价等方式，有效降低了农民在产前、产中、产后的生产成本，促进了农民收入增长。组建合作社后，农民收入明显增加的占47.78%，稍有增加的占42.22%（图3－12）。

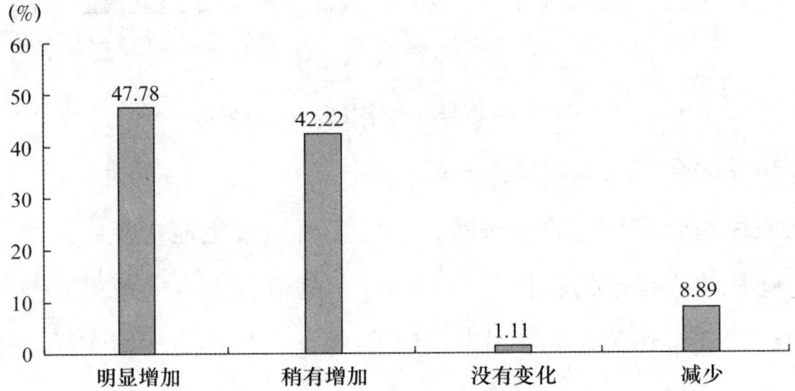

图3－12　90家合作社对农民收入的影响

（四）合作社土地流转的三种形式

自从2013年中央一号文件鼓励发展专业合作、股份合作等多种形式的农民合作社以来，各种类型合作社迅速发展，成为完善农村基本经营制度、创新农业经营方式的重要经营主体，形成了许多有效的经营形式。以河北和北京等地合作社为例，按照利益联结机制的紧密程度来划分，我们总结了以下三种经营形式。

1. 土地托管合作社

土地托管合作社，即成员分户生产管理、合作社统一经营服务的统分结合的合作模式。这种经营形式最为普遍，农户负责从事农业生产，合作社向农户提供生产资料购买、农业技术推广、初加工和农产品销售等产前、产中、产后服务。

河北武强县心连心合作社，注册时间为2010年；由10人出资，注册资金550万元。2013年入户数增至1479户，承包面积为20112亩。合作社采用“农民+农科院”和“技术推广站+合作社+企业”模式，向成员提供土地托管、新品种和新技术试验示范、农资统一采购等社会服务。合作社负责种子购买、秸秆粉碎、翻耕、播种、化肥及施用、间苗、中耕、防虫防病等生产环节①，联合科研院所和技术推广站专家进行实地技术指导，从种子、化肥、农药等源头把好质量关；依靠农业补贴政策，完善社会化服务体系功能，破解“高产不增收”的难题。例如，深松费（即深耕补贴）一项25元/亩，共50万元，如果将各家各户的大型农机（100马力60台）联合起来，统一进行耕种，就能实现机械深松全覆盖，降低生产成本。

---

① 据测算，近几年每亩小麦和玉米耕种收获费用均在860元，而以小麦每亩500公斤、2.4元/公斤和玉米以每亩600公斤、2.2元/公斤计算，亩收益共计2520元，扣除土地托管服务860元、管理费100元，成员的亩收入可达1560元。

河北武强新合油葵合作社，注册时间为2011年05月；由7人出资，注册资金80万元。2014年入社成员达到450户，带动周围农户2000多户，种植面积达30000亩；业务范围涉及油葵、谷物、杂粮种植等；采用“农民+合作社+加工企业”的合作模式，形成了“新品种示范→推广→初加工→销售”完整的产业链条。农民每亩的直接收入比之前可增加800~1000元。

2. 土地流转合作社

土地流转合作社，即农户流转出土地，合作社统一经营、服务的合作模式。家庭农场或专业大户同时挂牌的合作社多采用这种方式。农户将承包地流转给合作社，由合作社统一规划、统一管理，再发包给成员经营管理。

例如，河北某家庭农场，成立于2012年，从农户那里流转土地面积1000亩，之后按照蔬菜种植、玉米种植和旅游观光园等三类产业统一规划，采取雇用工人的形式进行生产管理，形成了土地规模，但增收效果不明显。

再如，北京市县密云县太师屯镇太师屯村地块分散，人均耕地面积仅为0.7亩，无法投入建设蔬菜大棚。2008年太师屯村成立蔬菜种植合作社，成员241户，土地流转600亩，统一建设大棚331栋，再发包给成员耕种，年产蔬菜900吨，销售收入270万元。[①]

3. 土地股份合作

土地股份合作，即农户以土地入股合作社，合作社统一经营管理，农民与合作社形成利益共享、风险共担机制，成员收益来自租金、土地分红及打工收入等。这种合作社形式多出现在劳动力转移较快或农

---

① 苑鹏、缪建平、徐仁发，“合作社加快农村经济发展方式转变（上）——北京密云经验的启示”，《农村经营管理》，2011年第07期。

业劳动力短缺、机械化程度高的地区。

北京林泽家园土地（股份）专业合作社，注册时间为2009年9月，由村委会领办。成员71户，实地测量土地总面积为500亩，按每1亩为一股，71户成员共有股份451股，超出部分属村集体。该合作社建立和完善了各项规章制度，同时建立了股份账户和分红账户。成员按照土地入股份额享有固定保底分红和二次分配的权益，成员收益由租金、工资和按股分红三部分组成。2010年，该合作社首次收益分配，每股土地分红1027元。

北京泰华芦村种植专业合作社，注册时间为2009年，2011年成员达200户，流转土地面积500余亩，由合作社实行统一生产管理。入股土地按照权益地、承包地及其他形式的补偿地等分类进行量化。其中，权益地每1.1亩地为一股，承包地每1.35亩地为一股，其他形式的补偿地每1.9亩地为一股，入股期限为10年①。成员收益由租金、盈余分配、工资和福利津贴四部分组成，合作社保证每年每股收益回报不低于1260元。2010年，该合作社总收入达230多万元，包括土地流转费用（25万元）、盈余分配（10万元）、工资（180万元）、福利津贴（18万元）等。

（五）合作社在创新农业经营方式中的独特优势

综合上述分析可知，农民加入不同类型的合作社的制度安排既有共性又有差异。合作社通过两个结构、两种机制建设，完善内部治理结构，界定成员的产权、出资情况、分配情况，将农民联合起来，实现规模生产，增加农民收入。

① 土地入股成员总股数不得超过合作社总股数的20%。

1. 组织结构

依据《合作社法》第二条、第三条和第十五条农民合作社定义、原则和成员的有关规定，三类合作社均以成员为主要服务对象，由提供同类农产品的生产经营服务的农民、企业和事业单位或社会团体联合而成，农民至少占成员总数的80%。实行三级制度（章程、细则和制度），做到规范办社、民主办社、依章办事。农民、村集体与经营主体之间通过合约或入股形式，形成了新的组织结构。

2. 所有制结构

在坚持农村家庭经营基础地位的同时，农民或村集体通过合作社流转土地。一方面，既保持了农户土地承包经营权所有者的地位，又未改变土地承包关系及土地用途，如土地托管和土地流转合作模式。另一方面，通过土地入股、资金入股等方式，促进已经承包到户、高度分散的耕地资源集聚，形成规模经营。同时，盘活了闲置的、未承包到户的集体土地资源和实物资产，如土地股份合作社模式。

3. 经营管理机制

无论是农户自主经营还是合作社统一管理，通过合作社提供服务的经营形式，均在农户与合作社之间建立了统一的经营管理机制，实现了农业经营上规模、效益的重要转变。一方面，合作社提供上游种子、化肥等农资购买服务，以及中游的技术指导；另一方面，合作社也提供下游的产品初加工、销售等其他环节的服务，既降低了生产成本也提高了农民收入。如北京泰华芦村种植专业合作社由社里统一购买农资、统一生产、统一销售，节约生产成本12%，成员收入与未加入合作社时相比增收近35%。

4. 利益分配机制

相对于土地托管、流转经营形式而言，资金或土地入股的形式更有利于在农户、村集体与合作社之间建立“利益共享、风险共担”的机制。土地托管、流转经营形式更多的是通过建立成员账户，记录节约生产成本、一次性支付租金或返现等情况。而资金或土地入股的经营形式则通过建立成员账户和资本账户，不仅记录节约的生产成本和租金，还将合作社的剩余盈余依据资金或土地入股比例进行分配，实现二次返利，提高了农户、村集体和合作社的生产经营积极性，改变了农户和村集体“只委托、不参与”的保守观念，实现了规模生产，增加了农民收入。

三、我国农民合作社发展存在的问题

在调研过程中我们发现，目前我国合作社发展仍处于初级阶段，存在传统合作社、土地股份合作社、公司化倾向的合作社及联合社等多种类型。这些合作社在产权结构、治理机制、财务管理、分配方式等方面呈现多样性，股份化改造、企业化经营、综合性发展已经成为主要趋势。但当前我国合作社发展仍面临制度上的障碍：民主决策、盈余返利等治理机制不完善；组织化程度低、弱势地位等自身的经营能力问题制约合作社的进一步发展；合作社的股份制改造还未完成，想要进一步参股经营或企业化经营存在一定困难；合作社的运行制度较为复杂等。

（一）“民主决策、盈余返利”的机制不完善

成立合作社的初衷是让农民参与到延伸产业链、提升农产品附加值、获得更多收入等过程中，但在实践中合作性难以真正体现，主要表现在以下两方面。

1. 农民自主参与能力弱，在合作社中难以平等地参与决策

根据调查显示，合作社80%～90%的股权掌控在主要出资人、核心成员手中，其他成员与合作社之间更多的是委托关系。由成员自主经营土地的，通过合作社提供统一购买农资、技术指导等服务，降低生产成本；由合作社统一经营的，成员不参与生产管理，而以雇佣身份参与生产，其收入包括租金和工资，社员与合作社之间属于松散的合作关系。从上述出资情况来看，合作社发展的难点在于既需要企业家领干，又要能保障成员平等的参与。从实际运行情况来看，为实现对企业家或带头人的激励，合作的利润共享被股份分配所取代，农民自主参与能力弱，在合作社中难以平等地参与决策。

2. 制度设计上盈余返利机制未能真正实现，参与的激励不足，农民分享收益有限

一方面，由于农村劳动力大量转移和农业劳动力素质较低等客观矛盾存在，农民的保本经营的意识较强，尚未形成通过土地入股或资金入股等来获得潜在利益的观念；另一方面，无论是出资比例还是经营管理能力，农户与合作社带头人之间的实力相差悬殊，带头人对剩余盈余拥有绝对分配权，成员也对带头人可获得更多收益视为正常情况。调查结果显示，仅有少数合作社建立成员账户和资本账户，按照资金或土地入股比例进行剩余分配，其他大部分合作社目前还未能做到。

（二）合作社内生发展动力不强，竞争能力较弱

调研发现，虽然大部分合作社设立了成员账户，但成员账户实际运用效果不好，账户没有如实反应实质性内容和事项，农民与合作社之间的利益联结松散，合作社内生发展动力不强。从市场环境看，合作社参与市场竞争能力较弱。

一方面，组建合作社普遍缺乏计划。以土地流转为例。多数理事长都是先流转土地，获得更多扶持政策后再发展事业，而未根据当地农业发展情况及行业发展前景来确定合作社未来发展方向。除提供农资统购等服务的合作社以外，大多数合作社成立后都会面临着种植无经验、投入无效率等发展经验不足的局面，加之缺乏对农产品市场行情的科学判断，导致合作社的规模经济效应难以发挥。

另一方面，合作发展的层次较低，拓展产业链其他环节受到制约较大，大多局限于生产和流通环节，且农产品有一定地域性。从20家合作示范社的产品主销方向调查数据可知，75%的合作社产品主要销往本地市场（图3－13）。同时，还存在品牌影响小、小农经济意识强等问题，难以形成核心竞争力，合作社在市场竞争中仍处弱势地位。

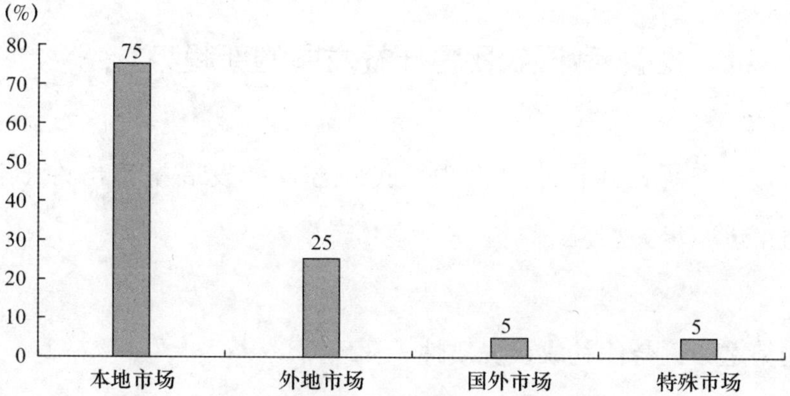

图3－13　20家合作示范社产品主销方向

（三）扶持政策不足，成立联社或参股经营存在制度障碍

在农业资源短缺、农业经营效益低等问题越来越突出的形势下，农业规模化经营不能仅追求土地规模经营，更重要的是实现服务和经营的规模化。而只有进行联合社经营或参股企业经营才有可能扩大农

业的服务和经营规模，提高产业组织能力和市场运营能力，进而从一、二、三产业融合中获得更大的收益。但目前合作社的股份制改造还未完成，治理机制还不完善，进一步参股经营还存在困难。

从外部环境看，合作社的运行制度较为复杂，现有法律法规对合作社的成立条件要求不高，也缺少对退出机制的严格规定，实践中法外行为大量存在，这些也是合作社运行不够规范的客观原因。与其他经营主体相比，合作经营在治理机制、盈余分配等方面都更为复杂，按照规范运行的要求更高。《合作社法》和配套法律法规门槛较低，降低了合作社组织的成本，但也存在一定程度的不合规、不合法行为。也就是说，合作社作为一个组织形式，在市场竞争中与企业等其他组织形式相比，能力稍显不足，内部治理机制还未实现有效的激励和约束。

四、我国农民合作社发展的新趋势

通过调查研究我们不难发现，我国合作社发展呈现出许多新趋势，值得进一步关注。

趋势之一：合作社成员异质性

由于中国农业生产具有小而散、土地碎片化、比较效益低等特点，农民合作社在发展过程中成员异质性问题逐渐凸显。成员异质性问题形成的原因较为复杂，并可能对农民合作社发展具有双重影响。因此，从合作社未来发展角度看，正确处理成员异质性问题十分重要。结合我国农民合作社发展现状，合作社成员异质性主要表现在以下两个方面。

1. 组建农民合作社与社员入社动机的异质性

通过调查了解到，目前我国农业生产群体中既有非农化、兼业化、高龄化的小农户，也有标准化、专业化、规模化的新型职业农民或涉农企业，而这两类群体在组织、管理和营销等能力方面的差异较大。从参与合作社的形式来看，社员主要通过土地、劳动力、土地+劳力、投资、土地承包经营权等生产要素加入合作社，但由于资源禀赋不同，导致合作社社员的异质性明显。

通过调查分析可知，一方面，以小农户为主的普通农民，仅以小规模土地或提供劳动力等形式参与合作，观念保守，不愿意承担风险。因此，小农户参与合作社发展的内在动力和能力明显不足，只能通过契约与合作社维持服务与被服务的关系，而未与合作社形成利益共享、风险共担的机制。另一方面，由于各地政府提供相关扶持优惠政策，也吸引了其他经济组织与个体为获得财政、税收、金融等优惠政策而临时加入农民合作社，通过以资金或大规模土地入股的方式，获得收益并承担经营风险。这两方面原因使得合作社成员入社动机异质性明显。总之，这两类群体不管是在统计学意义、心理特征还是在生产要素特征和社会关系能力等方面，都具有鲜明的异质性。

2. 合作社成员参与行为的异质性

由于合作社成员资源禀赋与入社动机的异质性，导致惠顾者—所有者—管理者集于一身的社员身份出现偏差，即许多社员只是拥有一种身份，因此，农民与合作社之间的合作关系不紧密，小农户与合作社的合作更倾向于随市场价格变动而调整。小农户对交易利润留存可获得的二次返利不关心，对参与管理、参与投资等意识不强，同时也缺乏提升农产品附加价值的观念。这充分反映出了小农户对合作社组织的认同度不高。合作社中社员出现了几类身份结构，即核心人员、股东、普通社员和带动成员等，他们在资本、业务和管理三个方面的参与行为上表现出了差异化特征。邵科、朱守银（2013）将各类身份参与程度归纳如表3－2，其中，入股比例越大或农地规模越大，社内职位越高，在合作社内的决策权越大，最终会成为合作社的最大受益者。

表3－2　　异质性成员参与行为的差异化

参与行为	资本参与	业务参与	管理参与	
典型指标	入股比例	农地规模	社内任职	社内决策权
内核成员	>20%	>50亩	理事长	一票否决权
外核成员	1%～20%	20～50亩	理监事会成员	关键投票权
股东成员	0～1%	5～20亩	（部分任）成员代表	一人一票
惠顾成员	0	0～10亩	无	一人一票（常被忽视）
带动成员	0	0～10亩	无	无

资料来源：邵科、朱守银，“农民专业合作社发展的不良类型、成因与应对思路”，《农业经济与管理》，2014年第1期，PP. 35～41。

综上所述，相当多的合作社表现出一定的成员异质性，异质性成员之间仅是一种交易主体间的契约关系：在产权结构上，少数人股权集中度高；在惠顾结构上，正式成员与非正式成员之间业务边界模糊；在治理结构上，少数人控制合作社；在分配结构上，可分配盈余按惠顾额返还比例很低，按股份返还比例偏高。这些都导致很难从内部治理结构上对合作社的发展阶段和类型进行判断。从未来发展来看，合作社社员或要素投入的异质性将导致大量的规模化和专业化农业合作组织形式的出现，合作发展的外延问题将更加复杂，除首先要考虑产权的明晰和股权结构的分布之外，还须对由异质性所引起的不同投入要素的边际贡献、要素之间的关系与所有权、控制权等问题进行考虑。

反过来，与这些问题相对应的合约结构选择将会促使农民合作社向多元化发展，但如何把握这种类型合作社的合理性、合规性的问题，仍须进一步论证。

趋势之二：合作社服务覆盖范围广

合作社的服务特点呈现综合性，由原来提供单一的服务向多样化的服务转变，为社员提供从农资、种子到生产中技术指导、耕种等每个环节全过程的服务。农户只负责生产，经营领域业务由合作社提供服务。合作社通过对社员的技术指导，提升了专业技能，降低了一家一户的生产经营风险。如河北武强县心连心合作社，由合作社负责种子购买、秸秆粉碎、翻耕、播种、化肥及施用、间苗、中耕、防虫防病等生产环节，采用“农民+农科院和技术推广站+合作社+企业”模式，向成员提供土地托管、新品种和新技术试验示范、农资统一采购等社会服务，联合科研院所和技术推广站专家进行技术实地指导，从种子、化肥、农药等源头把好质量关。河北武强新合油葵合作社，采用“农民+合作社+加工企业”的合作模式，由合作社负责油葵、谷物、杂粮种植技术指导，形成了“新品种示范→推广→初加工→销售”的完整产业链条。

趋势之三：合作社联合与合作

调研中发现，单个合作社容易在农业生产和农产品销售过程中，遇到经营规模小、生产成本高、财务管理乱、资金融资难、产品销售难等一系列问题，急需通过扩大规模、整合资源来提升单个合作社的市场竞争力，实现小农户与大市场的对接。为此，联合与合作成为单个合作社发展过程中选择的重要手段之一。

富阳山居农产品专业合作社联合社，原为富阳新登矮子鲜桃农民专业合作社。该社理事长发现，有许多业务单个合作做起来浪费财力、物力与人力，如财务管理、申请项目、电子商务、新品种引进等业务，若将此类业务整合起来，将大大提升生产效率和农民收入。因此，该社通过联合与合作的方式，联合农机总站、农业厅、发展改革委等8个部门、9个常务理事单位，32家单位一起成立联合社，以蔬菜、粮油、水产、水果、禽蛋、蚕桑为六大支柱产业，坚持整合资源、无私奉献的原则，下设财务管理、项目部门、供销部、果蔬研究所、资金互助部等几个部门，清晰界定联合社的业务范围，严格避免与单个合作社业务上的重复，集中解决了单个合作社解决不了的问题。例如，针对农产品销售，不是简单地将各地区的农产品联合在一起进行销售，也不是做连锁店或直销店，而是拓宽销售渠道、改变销售方式，负责与经销商、农会对接，使各类农产品“走出去”。

目前合作社联合与合作主要有两种形式：一是纵向联合，即由同行业合作社组建联合社，主要负责直接从事农业生产经营活动，为社员提供规模化、专业化服务；二是横向联合，即由区域内各类合作社组建联合会，主要负责提供技术培训、信息平台、行业自律等服务（图3－14）。

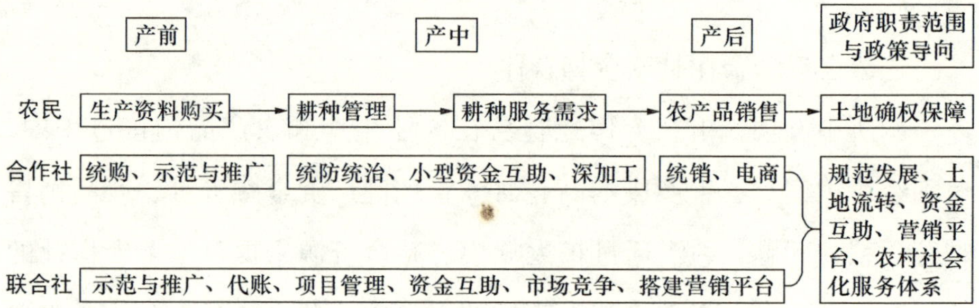

图3－14　农民、合作社与联合社的业务范围

趋势之四：合作社经营产业化、公司化

产前、产中、产后一体化经营是国际合作社发展的普遍规律，但由于目前我国大多数合作社还存在资金、技术、人才不足的问题，合作社的经营范围刚刚由原来的生产领域拓展到产前农资购买等服务领域及产后初加工、运输、包装等经营领域。与此同时，大量企业或其他经济组织资本投入合作社，虽然异质化特性凸显，但是此类合作方式使合作社的经营范围不局限于生产环节，而是向产业链上下游延伸，逐渐显现出产业化、公司化特征。同时，近几年国家也特别重视合作社与龙头企业的合作，并出台相关文件支持“龙头企业＋合作社＋农户”等模式的利益联结机制。例如，隆平粮社通过业务范围拓展，形成了产前、产中、产后一体化服务体系，既降低了生产成本，又提高了生产效率。

第四章

农民合作社扶持政策体系

与专业大户、家庭农场、农业企业三类经营主体相比较，合作社是自愿联合、民主管理的互助性经济组织，是农民与合作社之间利益联结较为紧密、实现农业适度规模经营的一种经营形式，对提高农民组织化程度、增强农业市场竞争力具有重要作用。因此，政府在制定扶持政策目标时，应把扶持合作社作为提高农业补贴政策效能和财政支农效率的重要抓手。应本着扶持合作社就是扶持农业和农民的理念，突出扶持政策的指向性、精准性和实效性，不断加大对合作社的扶持力度，营造有助于促进合作社规范发展的制度环境。

一、国家部委出台有关合作社扶持政策的法律、法规等文件

（一）国家高度重视农民合作社发展

国家高度重视农民合作社发展，不断加强宏观指导，初步形成了发展合作经营、合作经济和农民专业合作社等内容的扶持政策体系（见表4－1），这部分成为构建新型农业经营体系、农业组织制度创新

的重要制度安排。

表 4－1　　　有关合作社的法律制度框架基本确立

	法律法规	发文字号
1	《农民专业合作社法》	主席令第 57 号
2	《农民专业合作社登记管理条例》	国务院令第 498 号
3	《农民专业合作社示范章程》	农业部令第 4 号
4	《农民专业合作社财务会计制度（试行）》	财会〔2007〕15 号
5	浙江、陕西、湖北、北京、江苏、湖南、黑龙江、辽宁、山东、安徽、四川、重庆、山西、海南、江西、新疆、天津等 17 省（自治区、直辖市）人大颁布实施了《农民专业合作社法》实施办法或条例	
6	《农业法》《农村土地承包法》《畜牧法》《农产品质量安全法》《食品安全法》	主席令第 74 号；主席令第 73 号；主席令第 45 号；主席令第 49 号；主席令第 21 号
7	《农村土地承包经营权流转管理办法》	农业部令第 47 号

资料来源：赵铁桥，“农民合作社创新与发展——带头人能力建设研讨班”的讲话，农业部农村经济体制与经营管理司农村合作经济经营管理总站，2014 年。

十八大报告提出，“坚持和完善农村基本经营制度……发展多种形式规模经营，构建集约化、专业化、组织化、社会化相结合的新型农业经营体系”。同时，十八届三中全会《中共中央关于全面深化改革若干重大问题的决定》（后简称《决定》）强调：“坚持家庭经营在农业中的基础性地位，推进家庭经营、集体经营、合作经营、企业经营等共同发展的农业经营方式创新”，“鼓励承包经营权在公开市场上向专业大户、家庭农场、农民合作社、农业企业流转，发展多种形式规模经营”，“鼓励农村发展合作经济，扶持发展规模化、专业化、现代化经营，允许财政项目资金直接投向符合条件的合作社，允许财政补助形成的资产转交合作社持有和管护，允许合作社开展信用合作”，

"保障农民集体经济组织成员权利，积极发展农民股份合作，赋予农民对集体资产股份占有、收益、有偿退出及抵押、担保、继承权"。不难看出，以农民专业合作社为主体的合作经营制度已成为激发我国农村基本经营制度改革潜力的关键制度安排，合作经营、合作经济和农民专业合作社成为构建新型农业经营体系、创新农业经营方式的未来农业发展方向的重要内容。从农民专业合作社发展的内在机制和所处的政策环境看，农民专业合作社有可能成为完善和创新农村基本经营制度、落实支农政策的重要抓手。主要体现在两个方面。

一是农民专业合作社成为赋予农民更多财产权等制度安排的执行主体之一。《决定》指出，"鼓励承包经营权在公开市场上向专业大户、家庭农场、农民合作社、农业企业流转"。这意味着农民专业合作社可以通过参与承包经营权流转的过程，尝试进行集体经济股份制改造，扩大农业生产经营规模，完善和创新农村基本经营制度，从而有效突破农业发展中规模小、收益低等瓶颈。

二是农民专业合作社成为深入推进和落实政府支农扶持政策的重要突破口。《决定》指出，"允许财政项目资金直接投向符合条件的合作社，允许财政补助形成的资产转交合作社持有和管护，允许合作社开展信用合作"。这表明农民专业合作社将承担部分支农政策的扶持项目，从实践来看，这可以充分发挥农民专业合作社的正外部性（减少农业风险、提高农民收益和促进社会公平），解决了扶持政策落实难等问题，提高了支农政策效率。

（二）连续多年出台与农民合作社相关的中央一号文件

1. 2004 ~ 2007 年，有关合作社的财政、信贷、财税和登记等扶持政策的框架已初步建成

近年来，国家对合作社发展高度重视，对合作社的政策扶持力度

不断加大。从 2004 年起，连续几年的中央一号文件都对合作社的发展下发了指导性意见。2004 年中央一号文件提出中央和地方要安排专门资金，支持农民专业合作社发展，将财政扶持目标锁定在农业生产与经营领域。2006 年中央一号文件提出，积极引导和支持农民发展各类专业合作经济组织，加快立法进程，加大扶持力度，建立有利于农民合作经济组织发展的信贷、财税和登记等制度。2007 年中央一号文件提出，认真贯彻《中华人民共和国农民专业合作社法》（后简称《合作社法》），支持农民专业合作组织加快发展，各地要加快制定推动农民专业合作社发展的实施细则，有关部门要抓紧出台具体登记办法、财务会计制度和配套支持措施。2007 年实施的《合作社法》专门设立一章针对农民专业合作社的扶持政策，包括产业、财政、金融和税收政策。经过上述文件的出台，有关合作社的财政、信贷、财税和登记等扶持政策的框架已初步建成。

2. 2008 ~ 2013 年，不断完善和落实有关农民专业合作社扶持政策

2008 年中央一号文件提出，全面贯彻落实《合作社法》，抓紧出台配套法规政策，尽快制定税收优惠办法，清理取消不合理收费。各级财政要继续加大对农民专业合作社的扶持，有条件的农民专业合作社可以申请承担国家有关涉农项目。2009 年中央一号文件提出，加快发展农民专业合作社，开展示范社建设行动；加强合作社人员培训，各级财政给予经费支持；尽快制定金融支持合作社、有条件的合作社承担国家涉农项目的具体办法。2010 年中央一号文件提出，深入推进示范社建设行动，对服务能力强、民主管理好的合作社给予补助；各级政府扶持的贷款担保公司要把农民专业合作社纳入服务范围，支持有条件的合作社兴办农村资金互助社；扶持农民专业合作社自办农产品加工企业。2011 年中央一号文件提出，大力发展农民用水合作组织。2012年中央一号文件提出，通过政府订购、定向委托、招投标等方式，扶持农民专业合作社、供销合作社、专业技术协会、农民用水合作组织、涉农企业等社会力量广泛参与农业产前、产中、产后服务；充分发挥农民专业合作社组织农民进入市场、应用先进技术、发展现代农业的积极作用，加大支持力度，加强辅导服务，推进示范社建设行动，促进农民专业合作社规范运行；支持农民专业合作社兴办农产品加工企业或参股龙头企业。2013年中央一号文件提出，鼓励发展多元化、多类型合作社，逐步建立承担投资项目管护机制；实行部门联合评定示范社机制，积极探索合作社联社登记管理办法，抓紧研究修订《农民专业》合作社法，更好地发挥合作社示范带动作用，构建集体产权清晰、资产保值增值、农民受益更多的合作社机制。

3. 2013～2015年，中央一号文件制定各项扶持政策的具体措施

继十八大、十八届三中全会之后，2013～2015年中央一号文件在农民合作社的产权制度、组织制度、融资制度和发展方向等内容上细化其制度安排，按照规范发展、清晰产权、多元共营、服务全面和强化扶持等要求，增强农民合作社的引领带动能力，提高农民合作社的市场竞争能力，更好地发挥农民合作社现代农业经营体系中的作用。这必将通过完善合作经营制度激发农村基本经营制度改革的潜力。

（1）产权制度创新

2013年一号文件提出，“引导国家补助项目形成的资产移交合作社管护”；2014年一号文件改为“允许财政补助形成的资产转交合作社持有和管护”。这是将创新财政补助形成资产的扶持和管护方式，通过明确资产的产权主体，有利于形成资产保值增值的长久机制，同时，也可以增加合作社的资产保有量，为拓宽合作经营、提高合作经营能力提供制度保障①。2014 年中央一号文件可以简单概括为“一个鼓励”“两个引导”“三个允许”和“五项政策”。“一个鼓励”就是鼓励发展专业合作、股份合作等多种形式的农民合作社；“两个引导”就是引导规范运行和引导发展农民专业合作社联合社；“三个允许”就是允许财政项目资金直接投向符合条件的合作社，允许财政补助形成的资产转交合作社持有和管护，允许管理民主、运行规范、带动力强的农民合作社培育发展农村合作金融；“五项政策”就是围绕着力加强能力建设，在财政支持、税收优惠、金融信贷、建设用地、人才培养等五个方面提出了许多政策措施。

2015 年中央一号文件与过去的中央一号文件一脉相承，进一步加大了对合作社的支持力度：既强化对合作社的扶持引导，强调农业补贴向合作社倾斜、开展农产品价格保险试点、完善金融服务，提出推进合作社开展产销对接、促进规范发展、深入推进示范社创建行动；又根据新形势新任务要求，引导合作社拓宽服务领域、实行年度报告公示制度、开展内部资金互助试点、引导农民以土地经营权入股、适时修订《农民专业合作社法》（表 4 – 2）。

表 4 – 2　2004 ~ 2016 年，连续 12 年的中央一号文件与合作社有关的内容

年份	文　件	名　称
2004	关于促进农民增加收入若干政策的意见	从 2004 年起，中央和地方财政应安排专门资金，支持农民专业合作社开展信息、培训、质量标准与认证、生产基建、市场营销、技术推广等服务
2005	关于进一步加强农村工作　提高农业综合生产能力若干政策的意见	兴办加工、流通实体，可适当减免有关税费

① 王维友、杨春悦，“大力扶持发展农民合作社——对 2014 年中央一号文件有关农民合作社发展政策的理解”，《中国农民合作社》，2014 年第 3 期。

续表

年份	文　件	名　称
2006	关于推进社会主义新农村建设的若干意见	建立有利于农民合作经济组织发展的登记等制度
2007	关于积极发展现代农业　扎实推进社会主义新农村建设的若干意见	贯彻落实相关法律，增大农民专业合作社建设示范项目资金规模
2008	关于切实加强农业基础建设　进一步促进农业发展农民增收的若干意见	合作社可以申请承担国家有关涉农项目
2009	关于促进农业稳定发展、农民持续增收的若干意见	加快发展农民专业合作社，开展示范社建设行动；加强合作社人员培训，各级财政给予经费支持
2010	关于加大统筹城乡发展力度　进一步夯实农业农村发展基础的若干意见	深入推进示范社建设行动，对能力强、管理好的合作社给予补助；扶持合作社自办农产品加工企业；全面推进农超对接；新增农业补贴适当向合作社倾斜；支持创办农村资金互助社
2012	关于加快推进农业科技创新　持续增强农产品供给保障能力的若干意见	六个部分中有 8 条、12 处涉及农民专业合作社
2013	关于加快发展现代农业　进一步增强农村发展活力的若干意见	创新农业生产经营体制，稳步提高农民组织化程度
2014	关于全面深化农村改革　加快推进农业现代化的若干意见	鼓励发展专业合作、股份合作等多种形式的农民合作社，引导规范运行，着力加强能力建设
2015	关于加大改革创新力度　加快农业现代化建设的若干意见	引导农民专业合作社拓宽服务领域，促进规范发展，实行年度报告公示制度，深入推进示范社创建行动
2016	关于落实发展新理念　加快农业现代化　实现全面小康目标的若干意见	积极培育家庭农场、专业大户、农民合作社、农业产业化龙头企业等新型农业经营主体

（2）组织制度创新

“鼓励农民兴办专业合作和股份合作等多元化、多类型合作社”是农业经营组织功能拓展的重要途径。农民可以根据各地产业特色发展实际情况开展股份合作，激发土地等生产要素活力，优化农业生产资源配置，从而促进农业发展、农民增收。

（3）融资制度创新

“发展新型农村合作金融组织”是加快农村金融制度创新的重要措施。农民合作社发展的各个阶段均需要金融支持政策，尤其是农民合作社发展初期贷款难、贷款贵的问题尤为突出，中央决策部署中提出开展信用合作、内部资金互助试点等具体路径，将有助于农民合作社获得更有效的金融服务。

（4）发展方向清晰

“引导农民合作社以产品和产业为纽带开展合作与联合”，这是政府明确提出支持联合社发展的意见决策，是农民合作社发展的方向。从地方发展来看，各地正在不断加强合作经营，尽快出台地方合作社法规，赋予了农民合作社联合社法人地位，为农民合作社联合社发展营造良好的制度环境，促进农民合作社联合社发展。

（三）相关法律法规文件

农业部、财政部、国家工商总局等多部门出台有关合作社规范发展、财政扶持、金融融资支持、税收优惠等具体措施，完善农民合作社内部运行机制和外部制度环境。

1. 财政政策扶持力度不断加大

从政策内容来看，财政部、农业部连续出台针对农民专业合作组织的试点、财政项目申请、发展资金管理和人才培训等方面的意见和通知，为各级政府对农民专业合作社的财政扶持提供了重要的指导。依据《关于支持有条件的农民专业合作社承担国家有关涉农项目的意见》（农经发〔2010〕6号），有条件的农民专业合作社可以承担有关农业生产、农业基础设施建设、农业装备保障能力建设和农村社会事业发展等有关财政资金项目和中央预算内投资项目。

2. 金融支持政策显现多样化

合作社由于缺乏有效的抵押物，一直存在贷款难的问题。中国银行业监督管理委员会、农业部《关于做好农民专业合作社金融服务工作的意见》（银监发〔2009〕13号），将全部合作社都纳入了信用评定范围，按照“先评级——后授信——再用信”程序，通过提供金融创新产品，改进金融服务方式，加大信贷支持力度，鼓励有条件的农民专业合作社发展信用合作。截至2013年底，全国农村合作金融机构支持合作社贷款余额146亿元，确定了2.28万个“信用农民专业合作社”。

此外，政府在信用评定和拓宽融资渠道等方面采取多样化政策。如2012年中央一号文件提出，“有序发展农村资金互助组织，引导农民专业合作社规范开展信用合作”。2013年中央一号文件指出，“在信用评定基础上对示范社开展联合授信，有条件的地方予以贷款贴息，规范合作社开展信用合作”。2014年中央一号文件进一步提出，“鼓励地方政府和民间出资设立融资性担保公司，为新型农业经营主体提供贷款担保服务”。这为合作社获得相应的金融支持和担保服务拓宽了融资渠道，与金融机构有效对接，有助于缓解合作社在发展过程中贷款难的问题。

农业部《关于推动金融支持和服务现代农业发展的通知》（农财发〔2014〕93号）指出，金融支农重点是以破解农业生产金融服务难题，尤其是新型农业经营主“贷款难、贷款贵”为重点，聚焦专业大户、家庭农场、农民合作社、农业产业化龙头企业等新型农业经营主体日益增长的金融服务需求，加大对流动资金与基础设施投入的金融支持。从利率、期限、额度、流程、风险控制等方面入手，进行金融支农服务创新，开发创设符合农业产业特点、满足农民需求的金融产品和服务。同时，发挥优势，推动完善农业保险，推动提高农业保险保障水平；创新机制，充分发挥财政促进金融支农作用。

3. 税收优惠政策不断具体化

通过整理有关农民专业合作社的优惠政策文件可知，与合作社相关的政策均分散在不同涉农税收优惠政策的法规和政策文件之中，比较松散不成体系。从 2013 年和 2014 年的中央一号文件看，针对作为独立纳税主体的合作社和合作社上下游产业链的税收优惠的政策更加明确。

以增值税税种为例。根据财政部、国家税务总局《关于农民专业合作社有关税收政策的通知》（财税〔2008〕81 号），对农民专业合作社销售本社员或向本社员销售的农产品、农业生产资料等，可免征增值税。此外，一般纳税人购买农民专业合作社的农产品，可按 13% 扣除率计算抵扣增值税进项税额。另外，依据《增值税暂行条例》、国家税务总局《关于粕类产品征免增值税问题的通知》（国税函〔2010〕75 号）及财政部、国家税务总局《关于免征蔬菜流通环节增值税有关问题的通知》（财税〔2011〕137 号）等文件，农民专业合作社可以享受相应的税收优惠政策。

综上所述，各地政府和相关部门应认真贯彻和落实《合作社法》《农民专业合作社登记管理条例》等法律法规的规定，不断加大扶持力度，向合作社发展提供财政、金融、税收、法律等全方面扶持，采取法律规范、示范先行等方式，深入跟踪和总结典型案例，不断完善扶持政策内容，初步建成促进合作社发展的扶持政策框架。

二、有关农民合作社财政扶持政策的类型界定

从执行和落实的效果看，判断和评估我国农民合作社财政扶持政策的效果存在一定难度，难点有三。一是不同政策措施的政策目标、实施方式、作用机理均存在差异，难以用一种方法进行统一衡量；二是从中央到地方在政策执行方面差异显著，即使同一项政策措施，但不同的补贴标准、不同的操作方式均可能导致政策效果明显不同，无法进行统一评价；三是信息不充分进一步加大了政策效果评估难度，如尽管了解地方政策发放补贴的方式，但难以收集各地全部的实际操作办法。因此，有必要界定本书所研究的农民合作社财政扶持政策的类型，只选取部分内容，并采用总结典型案例成功做法的方法，分析扶持政策的效果。

2007 年《合作社法》中第七章提出了有关合作社的扶持政策内容，主要涉及财政专项、补贴政策、税收优惠、金融支持四大类。各项政策包含内容较多，为了更准确地判断和评估效果，本书结合研究目的以及政策落实情况，将与合作社有关的扶持政策界定为两类：一类是法律法规的配套政策；另一类是《合作社法》提出的四类扶持政策。

第一类是财政专项。此类政策主要包括农民合作社发展基金、产业项目倾斜等内容，其目标是对某些农业项目或示范社进行重点扶持，具有资金额度较大、带动性较强、可行性较高、社会效益较好等特点，能引导当地主导产业发展。扶持对象主要包括涉农企业和示范社。扶持项目主要包括：农业综合开发贷款贴息项目；农业综合开发

产业化经营的项目和财政补助项目；龙头企业带动产业发展和“一县一特”产业发展试点项目；规模化养殖场、养殖小区、集中供气等沼气工程项目；“菜篮子”产品生产扶持项目等十几项。

第二类是财政补贴政策。①农机购置补贴。此类扶持政策的目标主要是鼓励农民购买先进适用的农业机械，加快推进农业机械化进程，提高农业综合生产能力，促进农业增产增效、农民节本增收，其补贴对象是农民、农场职工和合作社等。其中，2015 年规定将不超过补贴资金总量的 15% 用于深松整地作业补助，补贴对象是农机大户、农机合作社。②农业保险保费补贴政策。

基于收集信息不充分以及合作社承担补贴较少的情况考虑，财政补贴政策的效果分析主要集中于农机具购置补贴和示范社一次性奖励补贴。

第三类是税收优惠。包括中央和地方规定的，以及按照地方发展实际情况创新的税收优惠政策。

第四类是金融支持。主要包括合作社信用评定机制、农村合作金融机构、金融服务产品、贷款、担保等机制。

三、有关合作社的扶持政策框架已初步建成

（一）法律、法规等系列配套政策不断完善

自 2007 年《合作社法》以来，有关部门抓紧出台了登记管理、示范章程、财务会计等系列配套政策①。其中，登记管理条例是规范

① 例如：《农民专业合作社登记管理条例》《农民专业合作社示范章程》《关于农民专业合作社登记管理的若干意见》《农民专业合作社登记文书格式规范》《农民专业合作社财务会计制度（试行）》和《农民专业合作社年度报告公示暂行办法》等。

农民合作社登记行为的依据；示范章程是农民合作社设立内部组织机构、开展活动的基础和依据，设立农民合作社必须依法制定章程；财务会计制度是处理各种财务关系、准确记录和反映合作社生产运营和财务运行情况的依据。随着农民合作社带领农民进入市场、参与市场竞争的作用日益显著，合作社之间的联合和信用信息的公示显得越来越有必要。因此，2013 年《进一步做好农民合作社登记与相关管理工作的意见》（工商个字〔2013〕199 号）提出，建立农民合作社联合社登记管理和农民合作社年报制度是引导农民合作社规范发展的有效途径。

（二）财政扶持政策体系基本建立

1. 设立合作社发展基金

2004 年中央一号文件指出，从 2004 年起，中央和地方要安排专门资金支持农民合作社发展，将财政扶持目标锁定在农民合作社所从事的农业生产与经营领域。

2. 农业部积极开展示范建设活动，不断促进合作社规范发展

依托中央、省、市、县四级平台，先后确定了农民合作社组织综合试点、组织建设试点以及国家级和省级示范社。同时，加强对示范社评定及监测工作，形成了中央、省、市、县多部门联合评定示范社的工作机制，不断完善对示范社的动态监测制度。

3. 以示范社为政策扶持重点，将其纳入承担国家有关涉农项目的申报范围

《关于支持有条件的农民专业合作社承担国家有关涉农项目的意见》（农经发〔2010〕6 号）提出，应牢固树立“扶持农民合作社就是扶持农业和农民”的观念，加大对农民合作社的扶持力度，积极支持有条件的农民合作社承担涉农项目。

4. 财政政策扶持方式不断创新

近几年，针对合作社组织特性和发展资金需求，不断探索出直接补助、以奖代补、先建后补、贷款贴息等多种形式的财政扶持方式。同时，规定了对合作组织发展资金重点支持的范围：①引进新品种和推广新技术；②提供专业技术、管理知识培训及服务；③组织标准化生产；④农产品初加工、整理、储存和保鲜；⑤获得认证、品牌培育、市场营销和信息咨询等服务；⑥推动农民合作组织创新发展；⑦改善服务手段和提高管理水平的其他事项。

（三）税收优惠政策内容规定详细

2007 年 7 月，财政部、国家税务总局发布《关于农民专业合作社有关税收政策的通知》（财税〔2008〕81 号），使得合作社得以在增值税、印花税等方面获得减免优惠，并做出了详细规定：①对农民合作社销售本社成员生产的农业产品，视同农业生产者销售自产农业产品，免征增值税；②增值税一般纳税人从农民合作社购进的免税农业产品，可按 13% 的扣除率计算抵扣增值税进项税额；③对农民合作社向本社成员销售的农膜、种子、种苗、化肥、农药、农机，免征增值税；④对农民合作社与本社成员签订的农业产品和农业生产资料购销合同，免征印花税。

同年 12 月，财政部、国家税务总局下发《关于发布享受企业所得税优惠政策的农产品初加工范围（试行）的通知》（财税〔2008〕149 号），使得合作社在农产品初加工方面的所得税优惠范围得以明确。

（四）金融支持政策框架基本确立

针对农民合作社“贷款难、贷款贵”的突出问题，《关于做好农民专业合作社金融服务工作的意见》（银监发〔2009〕13 号）提出要积极探索加强和改进农民合作社金融服务的有效途径，基本确立了金融支持政策框架，主要包括建立合作社信用评定机制、加强合作社信贷支持、创新金融产品、改进金融服务方式、发展信用合作、加强金融服务的风险控制等方面内容。

四、中央及地方有关合作社扶持政策的现状

按照内容的不同，可把中央有关合作社扶持政策的现状分成两方面来看：一方面是财政专项及示范社的情况，另一方面是财政扶持方式、税收优惠、金融支持的效果。从政策制定和实施效果看，分析后一类扶持政策的情况时，需结合不同地方采取政策措施实际情况来判断。

（一）财政扶持农民合作社的特点

1. 以提升农民合作社综合能力、发挥示范带动作用为目标的财政政策，在促进农民合作社发展中具有重要的作用

财政部、农业部等先后对农民合作社实施财政专项扶持政策，重点提升合作组织的管理、技术、经营、初加工和开拓市场等能力。近年来，农业部以示范项目为抓手，进一步强调农民合作社的规范化建设。例如，2014 年《关于引导和促进农民合作社规范发展的意见》提出，农民合作社规范发展的主要目标是："经过5 年的努力，农民合作社规模扩大、成员数量增加，运行管理制度比较健全，组织机构运转有效，民主管理水平不断提高，产权归属清晰，财务、社务管理公开透明，服务能力和带动效应明显增强，成员权益得到切实保障，发展

质量显著提升。力争有70%以上的农民合作社建立完备的成员账户并依法进行盈余分配，县级以上示范社超过20万家。”

从财政部、农业部及各地财政专项资金的用途看，主要是想通过项目扶持，帮助合作社解决生产经营或技术服务方面的主要问题，提升其农业生产的组织化程度，增强合作社农产品的市场竞争力，同时完善合作机制，提高规范化建设水平。

2. 以提高农业生产经营能力、规范化建设水平为主要目标

中央、省级的示范项目资金主要用于农民合作组织的生产能力建设和市场竞争能力建设，主要目的体现在两个方面：一是增强生产能力及市场竞争能力，主要包括生产基地、品牌战略、兴办加工实体等建设；二是抗风险、培训、信息、电商平台建设等，主要包括各类农业保险补助、经营管理和社员合作培训、技术培训、电子商务、网络信息平台建设。

例如，《中央财政农民专业合作组织发展资金管理办法》（财农〔2013〕156号）的通知，规定了财政政策对合作社的扶持条件和范围。其中，扶持条件主要包括5条：①依据有关规定注册登记，具有符合“民办、民管、民享”原则的农民合作组织章程；②财务管理制度符合民主管理决策等规范要求；③服务网络健全，能有效地为合作组织成员提供农业专业服务；④具备管护能力，能确保项目形成的资产长期发挥作用；⑤合作组织成员原则上不少于100户，同时具有一定的产业基础。而发展资金重点支持的范围主要包括7点：①引进新品种和推广新技术；②提供专业技术、管理知识培训及服务；③组织标准化生产；④农产品初加工、整理、储存和保鲜；⑤获得认证、品牌培育、市场营销和信息咨询等服务；⑥推动农民专业合作组织创新发展；⑦改善服务手段和提高管理水平的其他事项。

3. 以直接补贴、以奖代补为主要扶持方式

从调研结果来看，农民合作社获得财政扶持的方式主要有两种：一是中央财政的项目直补，二是地方财政的以奖代补。其中，项目直补有三种形式，分别是直拨到社、逐级下拨和事后报账。

此外，部分地方也会采取贷款的扶持形式，来解决农民合作社发展资金短缺的问题，如贴息贷款和财政基金担保等。由于地方农村金融体制不完善，缺乏政策性银行机构，商业银行贷款渠道不畅，故农民合作社的贷款难度较大。在这种情况下，必须由政府起中间桥梁作用，利用贷款贴息和基金担保的方式为合作社提供金融支持，但由于地方财政有限，只有浙江、山西等省的部分县市采取了这种手段。

4. 以扶优、扶强作为标准，增强示范社对本地产业的带动示范作用

中央、省、市、县级财政在选择扶持对象的合作社时，均以生产经营能力强、示范带动能力强、规范化运作为条件，强调产权清晰、内部股权结构合理和盈余返还机制健全等特征，因此，选择标准主要依据“生产经营能力”“内部管理机制”“服务功能”“利益联结机制”等方面。从各地选择示范项目单位的情况看，各地按照示范项目的申报条件，围绕社员规模、对当地产业的影响力、农产品品牌营销能力等方面进行优中选优，增强示范社对本地产业的带动示范作用。

（二）中央财政扶持农民合作社的现状

1. 中央及省级均设立了财政专项

从扶持资金投入看，依据财政部《中央财政农民专业合作组织发展资金管理办法》的通知（财农〔2013〕156 号），中央和省（市、自治区）均已经设立了财政专项资金为本级财政预算的一项内容①。截至2006年，相关财政扶持累计2.7亿元。而《合作社法》颁布以来，2007年一年财政扶持就达到了2.2亿元。2013年中央财政扶持资金为33.57亿元，带动省级财政投入为55亿元。截至2013年，2007～2013年中央财政扶持资金累计为95.77亿元（如图4－1）。

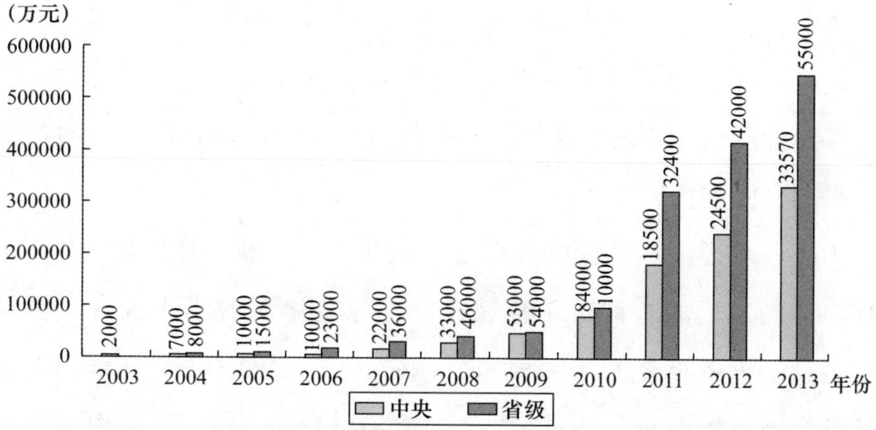

图4－1　2003～2013年我国农民合作社财政扶持政策的资金情况

资料来源：赵铁桥，“农民合作社创新与发展——带头人能力建设研讨班”的讲话，农业部农村经济体制与经营管理司农村合作经济经营管理总站，2014年。

2. 加强示范社建设及评定监测工作

自1994年起，农业部组织在安徽、山西、陕西等省开展农民合作组织试点示范建设。2002～2003年，农业部在全国确立了100个试点，以及6个地市级农民合作组织综合试点，确定浙江省为农民合作组织试点省。从2004年开始，在中央财政支持下，农业部组织实施“农民合作组织示范项目”建设，到2008年共扶持了633个农民合作组织。2005年，确定北京、浙江、安徽、陕西、吉林、湖北、湖南、山东、河南、宁夏、四川和青岛等12个省（区、市）为农民合作组

① 苑鹏，“农民专业合作的财政扶持政策研究”，《经济研究参考》，2009年第41期。

织建设的试点省（区、市）。

依据2009年中央一号文件精神和《关于开展农民合作社示范社建设行动的意见》（农经发〔2009〕10号），从2009年起，依托中央、省、市、县四级平台，在全国择优培育、扶持一批经营规模大、服务能力强、产品质量优、民主管理好的农民合作社，使之成为各产业领域的示范社，率先成为引领农民参与国内外市场竞争的现代农业经营组织。2011年公布了首批各地培育的6663家农民合作社示范社，针对完善治理结构、增强服务能力、促进规模经营、提升农产品质量安全水平等方面进行扶持。

为进一步规范示范社的评定及监测工作，依据2013年中央一号文件“实行部门联合评定示范社机制，分级建立示范社名录”及对联席会议制度的批复的相关要求，制定了《国家农民专业合作社示范社评定及监测暂行办法》（农经发〔2013〕10号），主要内容包括示范社的评定、监测、指导与服务等几个方面，形成了中央、省、市、县多部门联合评定示范社的工作机制和不断完善示范社动态监测的管理机制。据统计，首次评定采取“自上而下分配名额、自下而上自愿申报”的方式，完成评定和监测进入公示名单的合作社和用水组织总计4021家，其中国家示范社3767家、全国用水示范组织254家。

3. 将示范社纳入涉农项目申报范围

近年来，政府不断加大合作社扶持力度，以示范社为扶持政策重点，将其纳入承担国家有关涉农项目的申报范围。《关于支持有条件的农民专业合作社承担国家有关涉农项目的意见》（农经发〔2010〕6号）提出，应牢固树立扶持农民合作社就是扶持农业和农民的观念，加大扶持力度，积极支持有条件的农民合作社承担涉农项目。以农业综合开发产业化经营财政补助项目为例。2013 年北京市设立国家农业综合开发产业化经营财政补助项目 23 个，总金额为 11512.02 万元。其中，涉及合作社项目 14 个，项目金额为 4917.86 万元，占总金额的 42.72%；单个合作社项目最大金额为 600 万元。2014 年浙江省涉及合作社项目为 38 个，项目金额为 3443 万元，占总金额的 25.80%；单个合作社项目金额均为 90 万元左右。从落实效果看，各省均已将农民合作社纳入申报范围并给予了支持，其中合作社承担涉农项目的情况如表 4－3 所示。

表 4－3　农业综合开发产业化经营财政补助项目安排情况表

地　区	年　份	项目（个）	合作社项目（个）	项目总资金（万元）	合作社项目资金（万元）	资金占比（%）
北　京	2013	23	14	11512.02	4917.86	42.72
浙　江	2014	90	38	13343	3443	25.80
四　川	2015	242	174	40416.6	18592	40
湖　北	2015	178	79	36078	7922	21.96

资料来源：各省财政厅。

（三）地方财政扶持农民合作社的现状

从不同层级政策的作用来看，中央和地方的政策供给制度功能不同，地方更应该在国家已有的相关法律法规和政策制度的基础上，认真贯彻《合作社法》，针对新情况、新问题，提出更加突出具体的、有针对性的、可操作性强的政策措施，不断完善农民合作社发展的实施细则，为支持农民合作组织规范发展提供依据。

1. 各地区因地制宜，制定与落实财政扶持政策

财政扶持农民合作社的发展已经成为中央和地方的一项重要政策。近几年，中央和省级的财政专项资金投入不断加大。依据农业部获得的数据可知，2007年省一级的财政专项资金为3.6亿元，2013年达到55亿元。除此之外，还带动各县、市、区设立地方财政专项资金的规模不断加大。从设立财政专项资金的时间看，各地区在《合作社法》颁布之前，就已经设立了财政专项资金（最早设立的有浙江（2001年）、天津（2001年）等），为农民合作社的发展提供了重要的保障（表4－4）。

表4－4　各省有关农民合作组织财政发展专项资金的设立时间

东部	北京	天津	河北	辽宁	上海	江苏	浙江	福建	山东	广东	海南	
设立时间	—	2001	2004	2004	2004	2004	2001	2003	2002	2003	—	
中部	山西	吉林	黑龙江	安徽	江西	河南	湖北	湖南				
设立时间	2005	2003	—	2006	—	2007	2006	2004				
西部	陕西	内蒙古	广西	新疆	重庆	四川	贵州	云南	西藏	甘肃	青海	宁夏
设立时间	2004	—	2002	2007	2002	2005	2003	2004	2006	2004	2003	2003

资料来源：苑鹏，“农民专业合作的财政扶持政策研究”，《经济研究参考》，2009年第41期。依据农业部“全国农民专业合作组织建设与发展经验交流会议材料之一”中各省（市、自治区）提供的总结材料整理而得。

目前，浙江省累计财政专项资金较多，此外，山东、上海、江苏、北京等地区对农民合作社组织的扶持力度也较大。其中，浙江省每年给予制度健全、运作规范的农业专业合作社各10万~30万元财政资金，扶持其进行基础设施建设、农业技术推广、农产品质量标准与认证、市场营销等。

2. 各地区因地制宜，落实金融支持和税收优惠政策

从金融支持政策的落实情况看，依据中央相关规定（银监发〔2009〕13号、国办发〔2014〕17号）和中央一号文件有关精神，浙江（2006年）、北京、山西省（2007年）、陕西、甘肃（2008年）、山东、福建、黑龙江、辽宁、江苏盐城等地区因地制宜，分别针对资金互助、金融信贷等方面（见表4－5）积极出台地方办法和意见，不断加大落实金融支持和税收优惠政策的力度。比较有代表性的如浙江省，连续出台几份文件落实金融支持政策：2006 年制定了《浙江省农村合作金融机构农民专业合作社贷款管理暂行办法》（浙信联发〔2006〕32 号），其中涉及农民合作社的贷款利率、期限和原则等内容；2009 年制定了《浙江省农村资金互助社登记办法》（浙工商企〔2009〕16 号），据此确定了农村资金互助的登记程序、性质以及从事业务等几项内容，为规范农村资金互助社登记行为提供了依据。同时，杭州市也针对资金互助金融支持政策建立了杭州市农民合作社资金互助会试点工作联席会议制度（杭政办函〔2014〕107 号），稳步推进了农民合作社资金互助会试点工作。

表 4－5　各地有关农民合作社的资金互助金融支持政策制定情况

地区	浙江	北京	山西	陕西	甘肃
文号或时间	浙信联发〔2006〕32 号 浙工商企〔2009〕16 号	2011 年 10 月 21 日	晋农（经）发〔2007〕1 号	陕农业发〔2009〕88 号	甘农牧经〔2008〕411 号
内容	金融信贷、资金互助	金融服务	金融服务	金融服务	金融服务
地区	山东	福建	黑龙江	辽宁	江苏盐城
文号或时间	鲁政办字〔2014〕107 号	闽政办〔2012〕152 号	2014 年 7 月 15 日	辽农〔2010〕336 号	盐委农〔2010〕19 号
内容	信用合作	资金互助	资金互助	资金互助	资金互助

资料来源：根据农业部、中国农民专业合作社网、中国农民合作组织研究中心、中国农民合作社研究网的政策法规文件汇总。

3. 从税收优惠政策落实情况看

依据中央相关文件（如财税〔2008〕81 号）和中央一号文件可知，各地除落实了免征农民合作社增值税、印花税等规定以外，有的地区还结合自身实际，制定和颁布了一批合作社税收优惠政策，对促进合作社发展起到积极作用。如浙江、黑龙江、江西等地区，对农民合作社的经营、生产用地免征部分房产税和城镇土地使用税；浙江、黑龙江、四川等地区规定，对农民合作社提供的农业生产技术服务等内容免征所得税。总的来看，各地方都规定农民合作社享受国家规定的对农业生产、加工、流通服务相应的税收优惠政策，为农民合作社的发展创造了良好的制度环境。

第五章

合作社扶持政策的落实情况

目前，我国合作社还处于发展初级阶段，面临着合作层次低、发展后续能力弱、组织化程度低等几个关键问题。农民合作社的发展过程是农村基本经营制度不断创新与制度选择的过程，除完善内部治理结构外，优化外部制度环境也是解决上述问题的关键制度安排，即各级政府应系统考虑合作社发展过程中政策需求的变化，针对落地难、效果差、针对性弱和盲目上项目等扶持政策面对的实际问题，不断完善和调整政策供给。因此，本书为了掌握合作社的实际需求，在调查问卷中分三个方面进行调查：一是合作社已经获得的政策扶持，二是合作社对扶持政策的需求，三是财政扶持合作社的政策导向。

一、合作社已获得的政策扶持及其满意度调查

1. 已获得的扶持政策项目的调查

调查统计显示，获得财政扶持的合作社共46家（图5-1），占总样本的51.11%，远远高于23%的全国平均水平。已获得扶持政策的项目主要包括国家级、省市级、县级种植、畜牧、全程机械化等类型

示范社项目，支农项目（如新品种引进、农林技术推广示范、标准化生产建设、标准园建设等项目），合作社的基地建设提升项目（玉米等种植，畜牧养殖，茶和蔬菜等经济作物的种植、加工等；基地或库棚、厂房、育苗温室建设；助企服农深耕项目或机耕项目），补贴（如农机具补贴、制造林补贴），资金互助项目（资金互助试点、省市县农业发展资金），农民合作社发展项目。

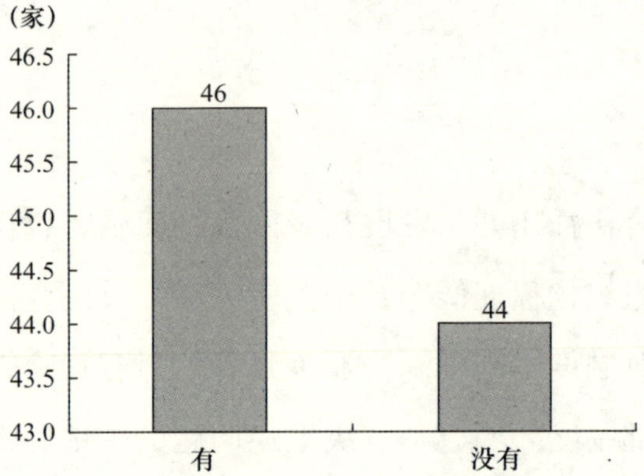

图 5－1　90 家合作社获得扶持政策项目情况

2. 有关合作社的教育培训机会调查

经调查可知，78.89%的合作社理事参加过教育培训，但从培训内容和方式来看，大多数认为农业类的培训都是理论性较强、政策性较强的内容，很难与实践联系起来。有的合作社理事可能只是为了得到一张证书，以便回到地方可以申请示范社；但大多数理事更多地希望参加有针对性的培训或项目申报讲座，内容能与农业生产、技术等不同环节联系起来，解决合作社的关键问题。同时，他们也急切地希望形成自己的行业组织，进行行业间之间的交流与讨论，促进相互之间的合作与联合。

3. 有关合作社对获得的扶持政策的满意度调查

从合作社获得扶持政策情况来看，51.11%合作社总体上对扶持政策的制定还是满意的，但也有部分合作社不满意政策扶持政策。如果想进一步提高合作社对政府扶持政策的满意度，那么需要在教育及培训、土地流转和可抵押、资金及融资和项目制定等几个方面不断加大政策扶持力度。以土地流转政策为例，52.22%的合作社对相关土地流转政策的满意程度为“一般”（图5－2），认为在土地政策方面，中央、地方及执行主体之间很难有效统一，有些政策很难落实下来，另外他们最担心政策朝令夕改。

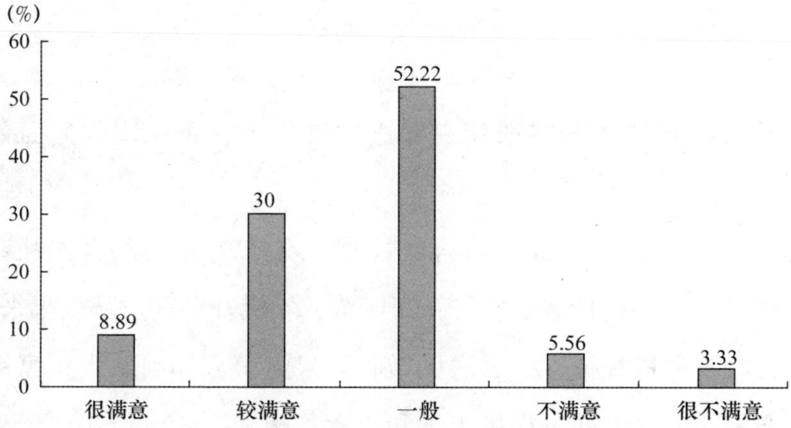

图5－2　90家合作社对目前土地流转政策的满意度调查

4. 有关合作社对外部制度环境的评价

外部制度环境是确保合作社规范化发展的重要保障。但调查数据显示，扶持政策、市场环境等方面的外部制度环境仍有待完善。65.56%的合作社认为目前政府扶持政策落实不到位，且针对合作社发展的扶持政策较少；66.67%的合作社没有获得扶持资金或贷款融资政策，认为目前国家出台的很多政策虽然很好，但并没有解决缺乏融资政策、银行等机构融资渠道不畅、合作社缺少抵押物等问题。同时，各位合作社理事长认为市场不规范、价格波动大的外部环境也会影响合作社发展（图5－3）。

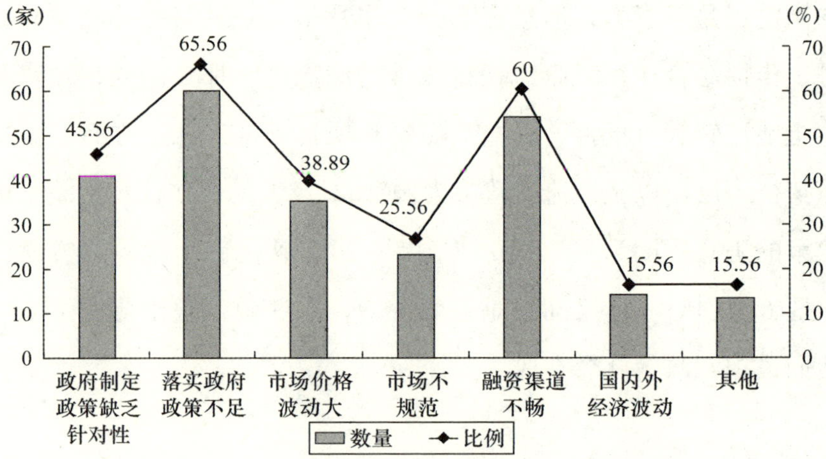

图5－3　90家合作社对外部制度环境的评价情况

5. 合作社获得的扶持政策在促进规模生产、农民增收方面效果显著

访谈与实地调研的20多家合作社中，有30%左右的合作社获得过政府扶持，主要包括涉农项目、深松费、农机补贴等。从效果来看，相关扶持政策促进规模生产、农民增收效果显著。如河北省国家级示范社，主要业务是为社员提供玉米和小麦种植的产前、产中、产后服务。合作社成立以来，主要获得两项扶持政策：一项是2014年获得的财政扶持项目，资金10万元，用于100亩实验田的基础设施建设；另一项是深松费补贴25元/亩，钱由合作社统一安排使用，通过联结各家各户大型农机，为社员统一提供播种、深松等服务，实现机械深松全覆盖，在促进农业规模化生产、增加农民收入等方面效果显著。

二、合作社对扶持政策的需求情况

合作社的扶持政策供需失衡已经成为制约我国农民合作社发展的重大障碍。当前的扶持政策体系与农民合作社发展不相适应，导致了我国农民合作社发展面临许多问题。尤其是合作社对扶持政策的需求情况尚未被真实地反映出来，导致了扶持政策的落实、推广效果不明显。从调查内容看，合作社对扶持政策的需求涉及面广、问题多。扶持政策归纳起来主要包括有关合作社规范的法律法规、土地流转、金融融资渠道以及人才培养等几类，虽然国家采取了示范先行的办法，也发挥了较好的试点效果，但在发挥“以点带面”作用上的政策执行还做得远远不到位。

（一）规范化制度方面

近年来，合作社蓬勃发展，相关规范制度的问题越来越突出，合作社主体迫切需要一个规范管理、规范运作等规范化的制度环境。而这一环境除需合作社自身努力外，在组建形式、运行、分配、示范等方面，更多得靠政府引导，提供法制保障，同时，也要靠社会监督和市场选择。从调查结果看，合作社对规范化建设的政策需求可归纳为以下三点。

一是形式规范。按《合作社法》的规定，合作社设立须符合 5 个条件：①有 5 名以上符合规定的成员；②有符合规定的章程；③有符合规定的组织机构；④有符合规定的名称、章程和确定的住所；⑤有符合章程规定的成员出资。希望有关部门采取以下措施：一是上述标准严格把关，抓紧出台分辨合作社是否规范的相关标准，引导和帮助各类合作社进行规范化建设；二是以示范社为重点，打造合作社的标杆，认定及批准其业务经营范围，尤其是资金互助合作社的规范化建设，不断强化其规范化管理。三是不断提高政策落实力度，增强公信力，营造良好的市场环境，做到优质优价，让合作社在带动农业增产、农民增收方面发挥重要作用。

二是运行规范。相对于对合作社形式规范的引导与监督，对合作社的运行规范的引导与监督难度更大，涉及内容更多。其运行规范核心可以简单归纳为三点：①依“法”照“章”。即《合作社法》有明确规定的，按照规定来运行；没有统一规定的，按照章程的规定来运行。②民主决策。即一年召开一次农民合作社成员大会，实行一人一票的制度，凡是生产经营活动中的重大事项及涉及成员切身利益的大事，必须由成员大会讨论决定，真正把成员大会当成合作社的最高权力机关。③民主监督。即出资额、交易量和会议记录等相关账户应建立起来；章程、成员名册、成员大会或成员代表大会记录、理事会会议决议、监事会会议财务会计报告和会计账簿等社务应予以公开；执行监事或者监事会应切实履行职责。只要上述三点能得到切实执行，就基本可以说合作社是运行规范的。

三是分配规范。即把可分配盈余的60%以上（以交易量（额）为依据比例）返还给成员；其余部分以成员账户中记载的出资额和公积金份额等为基础按比例进行分配。这一盈余返还的规定区别于企业管理，主要体现了合作社通过建立成员个人账户进行财务管理。该账户既反映了成员出资的贡献，也反映了成员与合作社之间交易的贡献，是合作社进行盈余分配的基础。

（二）财政专项资金扶持政策

合作社相对于农户而言，其业务范围已经延伸到农产品或特色农产品加工、运输物流等与农业生产相关的全产业链。但合作社也面临农业基础设施（如加工、厂房用地、仓储等）薄弱的难题。合作社对基础设施的投入能力相当有限，需由政府扶持或引进其他社会资本。因此，有关合作社的财政专项扶持政策应区别于为维持单个农户小规模农业生产所制定的各种类型的补贴，更多侧重于合作社在农业产业化发展、完整产业链上发挥组织化作用等方面的引导。应整合各类资金，采取直接补贴或物化补贴的方式，在以下几方面不断加强扶持政策力度：合作社的水电路基础设施建设、合作社建设用地、农产品初加工和特色农产品政策、规范标准化加工厂建设、示范社建设、农机具的扶持政策、农产品储藏加工保鲜流通项目、加强品牌化销售等，利用财政资金带动社会资本进入初加工和精加工基础设施、冷库保鲜、仓储物流等相关环节参与建设。

（三）金融支持政策

由于我国合作社发展处于起步阶段，进一步扩大规模的能力有限，在市场竞争中仍处于弱势地位。从调查结果看（图 5 –4），80% 的合作社面临运营资金不足问题，47 家合作社开展了信用合作，占样本总量的 53%。合作社发展到一定水平后，资金短缺是开展信用合作的主要动因。从信用合作的内容看，70% 以上的合作社以资金互助为主，40% 的合作社是产品赊销、赊购，25% 的合作社开展了银行贷款

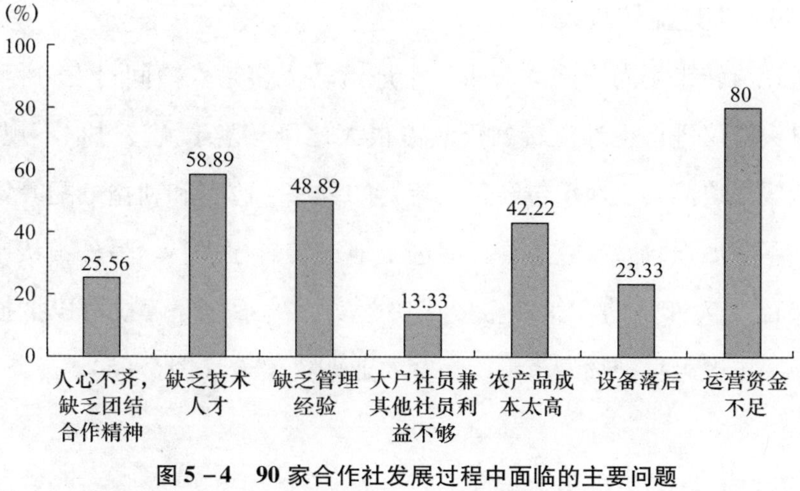

图 5 –4　90 家合作社发展过程中面临的主要问题

注：此题为多选题。

担保服务。从贷款用途及金额来看，合作社的贷款规模主要表现出小额、短期、生产性、服务性等特点。从发展水平和趋势来看，合作社对信用评级、信贷担保、贷款贴息等方面的金融支持政策需求强烈。

近几年来，尽管国家在合作金融等方面出台了许多政策，但由于政策落地难、实施难度大，合作社的融资渠道不畅问题依然没有得到解决。应从以下三点着手改进。一是贷款融资政策上，对涉农项目向合作社倾斜，加大对土地抵押贷款、贴息贷款的支持力度。二是应建立征信共享系统，允许认定规范内的合作社无偿接入征信系统。这既有利于合作社资金互助、控制风险，也有利于管理机关监督风险。三是融资担保层面。由于合作社缺乏有效抵押物，再加上农业投资收益低等自身融资条件限制，故需要不断完善增加土地经营权、以合作社固定资产作为抵押品的融资机制，让三农领域的各种资源流动起来。此外，还应不断完善由政府和社会资本双方建立的担保机制和农业保险机构的机制，助力三农行业稳健发展。

（四）土地流转政策

土地流转市场尚未建立起来，土地流转大多是农户间自发进行的，采取口头协议进行土地流转的仍然占很大比例。鉴于流转过程不规范，我们希望尽快落实土地承包经营权流转的程序、收费和利益分配等导向政策，不断加强政府有效监管，促进土地流转有序进行。另外，从调查结果来看，77.78%的合作社希望尽快落实土地承包经营权可以抵押的政策，并扩大可抵押物的范围，拓宽农业融资渠道（图5－5）。

（五）农产品信息平台层面

从各地区农业发展情况来看，有关合作社信息、科技、技术培训

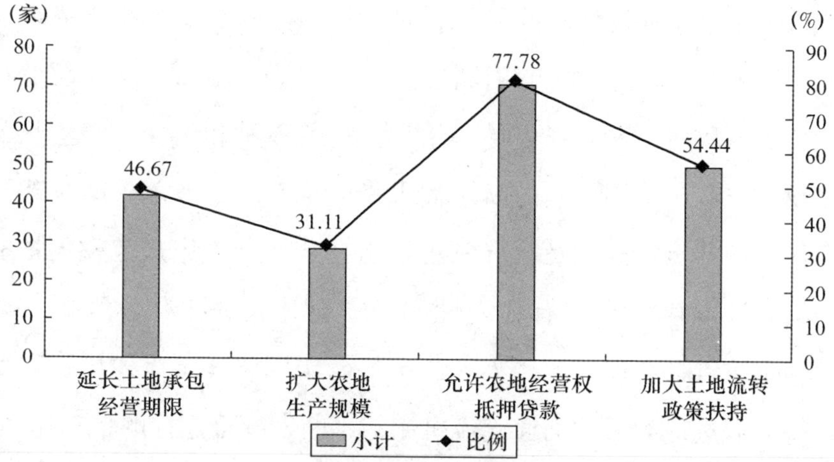

图5－5　对合作社发展有重要作用的土地政策

等的公共服务平台缺乏是导致农户与市场、农户与科研人员信息不对称的重要原因之一。为此，我们提出以下建议。一要建立和稳定销售渠道，支持农民合作社联合社开展农村电子商务，集中资源带动地方农产品进行互联网营销，打造及推广市场品牌，从政策上保障快递流通的价优、速快、新鲜、安全。二要加强农产品研究成果展示平台的建设，不让农业科研成果在试验室、档案室里“睡觉”；加强新型农机械的研究、展示平台的建设，全方位展示耕、种、收、加工、精加工领域的科研成果，推动三农领域的科技含量提升，让农民非常容易“看得到、用得上”，进而指导自己的农业生产。三要除有关合作社规范发展等中央文件指导精神的学习培训以外，更要结合当地实际，增加科学技术、畜产品免费检疫、合作社农产品绿色通道和“三品一标”认证等具有实际意义的农业培训内容，为合作社顺利开展农业生产、提高农产品质量和保障物流提供政策便利。

（六）人才培养政策

从调查结果来看，70%以上的合作社认为引进新型农业经营管理人才极为重要，而现实是我国农村现阶段严重缺少技术指导人才、市场开拓人才和管理人才等具有科学思维的新型农业人才。要改变这一现状，需要政府不断加强引导和培训。一是鼓励和引导大学生热爱农业、投身农业，运用他们的新时代思维去推动农业改革；二是建立农民合作社辅导员定期到社指导制度，引导合作社健康规范发展；三是建议指派大学生村官到有代表性的地方合作社去工作、服务一段时间；四是重点在合作社实用人才、市场营销网络技术人才培训方面加大扶持，通过优秀人才沟通交流机制，不断发挥合作社的带动作用。

三、扶持政策存在的问题

从有关农民合作社扶持政策的制定和落实情况来看，现行的扶持政策相对有些滞后，且与当地的农业产业及农民合作社的发展水平等缺乏内在联系，扶持政策的合力效应不强，仍需在政策上进行较大的创新。

（一）政策支持的目标不明确，合作社支持与产业化支持混同

1. 部分地区仍没有制定和落实合作社扶持政策的具体办法和意见

通过调研结果可知，地方政府在出台财政、金融和税收等扶持政策方面相对滞后，有些地方还没有通过法律、法规的形式使扶持政策具体化、明晰化，结果导致不同区域政策内容差异较大。尤其是产业相关项目的安排、对接及金融部门、税收优惠落实等方面，都没有具体的办法和意见。如江西、内蒙古、西藏、广西、宁夏、青海、湖南、天津、四川、河南等地方政府，对农民合作社的扶持政策都没有制定具体的办法和意见。

2. 涉农管理部门较多，在制定政策方面与农民合作社的关系尚未理顺

有关农民合作社的各项扶持政策分散于各个涉农管理部门，粗略统计一下，农业部、财政部、中国人民银行、银监会等部门均会对农村合作经济组织实行归口管理，科技部、林业部、国土资源部等部门，以及地方的农业厅、财政厅和农村基层政府也有涉农的行政职能。那么，就会造成以下弊端：在落实扶持政策时效果不理想，财政扶持政策的公平性和导向性没有充分发挥，缺乏明确的监管方法和有效的监管手段；金融机构贷款仅针对典型和示范的农民合作社；税收优惠政策分散于各类规定中，实际操作仍存在困难和漏洞；大多数合作社还未充分了解扶持政策的具体内容和要求，而且获得渠道不畅，申请获得资金扶持的难度较大。

（二）政策规范管理不足，造成合作社鱼目混珠

1. 为获更多的政策性收益，“假合作社”“空壳合作社”多有出现

一方面，即使在大股东控股等情况下，部分农民也愿意加入合作社，通过规模化生产、降低生产成本等方式获得持续性的“合作收益”。但通过调研得知，合作社中实际运行的仅占1/3，挂牌的占1/3，“假空死”的占1/3①。合作社实际并未得到广大农民的认可，即使在合作社发展较好的地区，仍有大量农民没有加入合作社；已经成立的合作社当中，不再运营的数量较多，还在运营的合作社又存在发展不规范等问题。

另一方面，政策性收益成为合作社重要的收益来源。政府采用财

---

① 赵铁桥，“农民合作社创新与发展——带头人能力建设研讨班”的讲话，农业部农村经济体制与经营管理司农村合作经济经营管理总站，2014 年。

政资金、项目和税收减免等方式对合作社进行非持续性的补贴和补助，已成组建合作社的重要原因之一。这在一定程度上也可以解释“空壳合作社”及“假合作社”存在的原因。

2. 扶持政策的不确定性较大，合作社等经营主体“无所适从”

在调研中发现，同一经营主体有时挂了三块牌子——“农民专业合作社”“家庭农场”“龙头企业”，目的是为了获取更多的财政扶持资金。这反映出政府扶持合作社发展的一大困境：到底该扶谁？怎么扶？扶持政策不确定性大，导致新型农业经营主体“无所适从”。合作社发展处于初级阶段，面临解决基础设施薄弱、后续资金缺乏等问题，产前、产中、产后扶持政策需求难满足。一方面，财政扶持政策的制定与落实分散在不同层次不同部门，彼此之间缺乏联系；另一方面，扶持政策的落实缺乏评价与考核机制，许多项目不了了之。

（三）政策支持以项目为主，缺乏功能引导性和持续性

1. 项目立项条件较高，弱小合作社难获得

按照项目立项和管理要求，政策项目实质上选择了“扶优扶强”路径，对注册资金、社员数量、硬件设施、经营业务等条件要求较为严格，项目更多倾向于由龙头企业组建的、整体经营实力较强的合作社，刚刚起步发展的合作社较难获得扶持，即使承担了此类项目上也表现出明显的“力不从心”。例如，“项目单位的自筹资金不低于所扶持的财政补助资金”“经营状况良好，净资产不低于申请财政补助资金总额”“财务规范、独立核算、盈余返还”等，对于大多数合作社来讲，要同时符合上述条件存在一定难度。此外，即使示范社获得扶持项目后，其后续发展仍会面临资金缺乏、资产管护机制尚未建立等问题，不能保障项目的顺利实施，同时风险较大。

2. 补贴结构不尽合理，因社施策的项目不多

四类补贴政策规定，补贴标准依据农户实际种植品种及种植面积而定，补贴方式是直接发放现金给农民。这导致此类补贴演变为农民的收入补贴。其后果是：一方面，导致农户虚报种植面积，财政支农效率降低等问题突出；另一方面，实际从事农业生产的其他经营主体不能获得补贴，使得农业补贴政策支持农业增产、农民增收的导向作用不明显。

3. 支持内容存在偏差，扶持政策针对性不强

目前合作社呈多元化、多类型的发展特点，需要有针对性的扶持政策。然而，已有的扶持政策针对性不强，除针对农机服务类型合作社的扶持政策外，仍然缺乏针对提供土地流转、融资、农业基础设施等内容的综合性扶持政策。例如，粮食类合作社不参与粮食种植环节，只提供与种植产前、产中、产后相关的生产性服务，通过与农资企业、技术推广站、科研院校等进行合作、交流，可以解决粮食生产成本高、技术低等问题。此外，由于加工、烘干等基础设施不完善，仍然难以避免此环节的经济损失，然而若合作社具备完善的加工、烘干环节的厂房，设备由合作社统一进行加工、烘干和储存，可实现农业增产和农民增收①。

四、财政扶持合作社的政策导向

从调查结果看，农民合作社是弱势群体的联合性组织，仍然面临农业自然风险、小规模经营等问题，对财政扶持政策的需求较多。但从合作社未来发展及扶持政策的落实效果看，政府对扶持政策制定的

---

①　根据调研可知，若农户粮食由合作社统一加工、烘干、储存，可节省库存成本0.1元/斤，每斤多卖0.1元，每亩可增收200元。按照合作社服务20112亩的规模计算，可产2万吨粮食，直接增收近400万元。

依据、扶持范围、扶持重点仍须进一步明确，或者说，在财政支持有限的前提下，如何有效地支持合作社的发展、提高财政支持效率，是当前必须解决的问题。

（一）财政扶持政策的依据

合作社主要体现民主、公平和效率，具有经济和社会的双重属性，是介于公益组织与企业之间的农业经营组织，这使得合作社具有正外部性，排他性弱，容易产生“搭便车”现象，如果没有公共政策的扶持，合作社将很难发展，或出现严重的“异化”现象。当前我国农业人多资源少、兼业化程度高，农户成立合作社的机会成本很高，决策和利润分配机制决定了必须获得政策扶持才能补偿其效率损失。未来合作社应根据不同地区产业发展及不同组织形式需求而发展，政府也要根据合作社的自身特点、未来发展方向等因素，综合考虑并及时调整各种扶持政策。

一方面，合作社是小农户等弱势群体的联合组织，其合作内容、目标作用应是政府制定扶持政策时重点考查的内容。

首先，要提高小农户参与市场的竞争力。合作社是小农户联合起来共同应对市场的组织，如由合作社统一提供生产资料购买服务、农产品初加工服务、农产品销售服务等，实现小农户与大市场的有效对接。

其次，与其他经营主体不同，合作社是社员销售自己的农产品，因此合作社与农民之间更易建立农产品的质量等级标准、农产品质量追溯体系等制度，可以减少因农民、合作社和消费者的市场信息不对称而导致的内部性问题的发生，也可以保证农产品质量安全、增加农业附加值。

最后，拓宽小农户的增收渠道。农民主要是通过土地或资金投入参加合作社，其收益分配主要按照社员与合作社的交易额比例进行盈余返还；农民也可以通过参加劳动或任相关职位，获得职业性收入；除此之外，社员还可以参与年底分红。

另一方面，从参与市场竞争的情况来看，合作社与其他企业一样平等地参与市场竞争，其成败取决于合作社的经营能力，而“入社自愿、退社自由”的原则使得合作社经营处于不稳定状态，民主管理又直接影响了合作社的运营效率，这些因素使得合作社在市场竞争中处于弱势地位，存在着市场失灵风险，需要政府干预。从国际经验看，对农民合作社的发展，不少国家和地区采取了支持性政策，因为合作社在社会经济发展中可以起到消除市场失灵、带动农业发展的作用，这些都是政府扶持的重要依据。

（二）财政扶持的范围和重点

农业集约化、专业化、组织化、社会化发展可通过合作社加快推进，对合作社扶持政策的导向应是努力解决合作社发展中面临的核心难题，着眼于提升合作社自身发展能力，充分发挥其在改变农民弱势市场地位、提升农业发展潜力、推进城乡一体化方面的重要作用。从调查结果看，当前财政扶持合作社发展的政策导向及其重点应主要体现在以下 5 个方面。

1. 合作社规范化建设

调查结果显示，我国合作社还处于初期成长阶段，大多数合作社存在重数量轻质量、产权不清晰、管理不民主、财务管理不规范等问题。为了维护农民利益，促进合作社健康发展，应把合作社规范化建设作为首要解决的问题。应结合不同产业和不同区域的案例，不断总结经验，通过设立成员账户、规范财务管理、集中整合资源等方法，以规章制度为准则，以利益机制为核心，不断完善合作社的运行机制和制度体系。

2. 合作社的联合与合作

通过调研发现，我国合作社数量虽多，但实际运行或起带动示范作用的合作社较少，仅少数合作社的规模较大，大多数合作社仅限于乡亲或亲戚之间的简单的合作。因此，急需推动不同规模、不同产业、不同地区的合作社之间的合作与联合，提升其组织规模和辐射带动能力。为此，政府政策导向之一就应该是探索丰富多彩的合作社的联合与合作形式，重点提高合作社的开放性，增强其市场竞争力，组建区域性的联合社、联合会（或联盟）。尤其是地方主管部门，应搭建区域性的农产品联合购销、加工和信用评估、土地产权流转交易平台等（见表5－1）。

表5－1　　全国各省首家合作社联合社成立的情况

	地点	时间	经营范围	案例	注册资金
1	湖北省宜昌市点军区	2014年7月11日	种植养殖	宜昌市大华园林专业合作社； 长阳资丘飞鸡场禽类养殖专业合作社； 点军区放翁聚翁蔬菜专业合作社； 点军区车溪人家农产品专业合作社； 长阳腾龙渔业养殖专业合作社5家	1000万元
2	河北省廊坊市安次区	2014年7月6日	农产品种植和生猪养殖	信联农民专业合作社联合社：奇嘉园蔬果种植专业合作社；文安县、固安县两地的4家合作社	5000万元
3	广东省潮州市饶平县	2014年7月	农作物种植、淡水养殖、农机作业服务、农业疫病防控和新技术、新品种引进等生产经营领域	饶平县绿源农业专业合作社联合社：饶平县凯斯达农业专业合作社等3家	

续表

	地点	时间	经营范围	案例	注册资金
4	山东省诸城市	2014年7月	提供市场经营、生产管理有关的技术信息服务，以及农业生产所需资料的购买，组织销售成员社生产的多种经营农产品，协调各成员社之间的服务地域、范围及价格，开展各类技术交流及业务培训服务等	永盛烟农专业合作社联合社：孟友、悦贾、鑫兴等6家	
5	安徽省当涂县（跨市）	2014年7月1日	蜜蜂养殖，水果、蔬菜、花卉种植，种植、养殖技术咨询服务等方面	马鞍山市徽润农业开发专业合作社联合社：马鞍山市神蜂蜂业专业合作社、灵蜂蜂业专业合作社、德平水产养殖专业合作社，以及砀山县三联果蔬专业合作社、黄山市黄山区金桥农特产品专业合作社等5家	368万元
6	广西壮族自治区梧州市	6月23日	种植、销售农产品和农产品初加工，提供农业生产经营有关的技术及农产品信息咨询服务	藤县大地农业专业合作社联合社：友强淮山种植专业合作社、葛多宝粉葛开发专业合作社、甜蜜青枣专业合作社	2000万元
7	浙江省杭州市萧山区	2014年6月		杭州萧山沧浪水产专业合作社联合社：杭州钱塘水产专业合作社等11家	

续表

	地点	时间	经营范围	案例	注册资金
8	宁夏回族自治区彭阳县	2014年6月	提供市场经营、生产管理有关的技术信息服务，提供农业生产种养所需生产资料的购买，同时收购、销售成员生产的产品，引进新技术、新品种，开展农业种养技术培训、技术交流及咨询服务等活动	彭阳县汇合农民专业合作社联合社：2家全国农民专业合作社示范社和3家专业合作社联合社	100万元
9	重庆市永川区	2014年6月	果树、油茶树种植，淡水鱼养殖，农资供应及种养技术服务	重庆市久帮果蔬种植股份合作社联合社：永川区仙龙镇供销合作社牵头，发动服务辖区的重庆市永川区洁玉油茶树种植股份合作社等4家股份合作社	

3. 合作社的组织创新和功能拓展，拓展经营业务范围，实现一体化经营

合作社的组织形式在实践中不断丰富，除了基本组织形式，还应鼓励发展各类合作社，如土地股份合作社、社区股份合作社等。通过合作社的组织创新和功能拓展，来维护农民在集体经济组织中的合法权益，为农业生产生活提供有效的服务载体。还应鼓励合作社开展纵向一体化经营，通过组织、业务等内容上的创新，逐步融入农产品供应链管理当中，从单纯地提供生产、技术、信息等服务，到向农产品供应链的上下游拓展业务范围，促使合作社加快构建内外部利益协调机制，获取一体化的增值收益，实现农业产业规模经营。

4. 合作社开展农业社会化服务

农业社会化服务体系是农业现代化的重要支撑，应进一步发挥合作社在农业社会化服务中的基础性作用，不断创新服务模式、延伸服务领域，以产业为基础、资金为纽带，通过合作社在农户与市场之间架起桥梁，对内及对外开展生产、技术、信息、金融、购销、人才培训等产前、产中、产后的服务，提高农业发展成效。

5. 合作社的金融和保险服务

随着农业经营规模的扩大、农业产业链的延长和农产品附加值的提高，合作社对金融、保险等服务的需求越来越多。因此，应把握合作社的金融服务需求，积极探索将财政扶持和政策性金融相结合的形式；拓宽金融机构服务合作社的渠道，吸引银行、社会资本参与合作社发展；鼓励发展多种类型的农民信用合作组织；积极探索以财政支持农业保险发展的政策，努力拓展和推广农业保险的险种和覆盖范围。

（三）正确处理政府与合作社的关系

随着财政支农项目投入力度的不断增强、公共财政支持制度的不断完善，政府在农民专业合作社发展中扮演越来越重要角色，农民专业合作社承担落实扶持政策的职能范围越来越广，形成了政府与合作社良好互动的一条有效途径。然而，实际操作过程中，出现了政府对合作社的职能范围界定模糊、农民专业合作社对政府政策过度需求等问题。因此，如何界定合作社与农民与政府之间相互赋权范围，明确农民专业合作社发展中的政府角色定位，成为农业合作经济组织发展中不可忽视的问题。

合作社的发展需要政府的支持，但是过多的政府干预可能会削弱合作社的自主性和独立性。从调查结果看，政府需在规范发展、清晰产权、多元共营、服务全面和强化扶持等方面，进一步充分发挥扶持政策的导向作用，逐步完善农民专业合作社的扶持政策体系。

第六章

构建财政扶持农民合作社政策框架的建议

一、政府扶持政策

引导和规范是政府扶持合作社政策制定的主要原则，应通过财政扶持引导合作社不断完善内部管理，规范其运行机制，增强合作社持续发展的内生动力。因此，需不断优化扶持政策设计，合理制定扶持项目类型，完善财政补贴、补助等扶持方式，创新投入机制，保持政策的稳定性和连续性，使合作社在促进农业规模化、专业化方面发挥重要作用。

（一）加强财政扶持政策系统设计，引导和规范合作社发展

现阶段财政扶持政策的内容和特点与合作社对政策的需求不相符。可适当调整扶持政策的思路，加强财政扶持政策的系统设计，采取直接补贴与物化补贴相结合的方式，改变获得扶持政策就是“发补贴、上项目、拿资金”的普遍观念。加大对市场化农业生产服务组织的支持，完善基础设施建设，疏通金融融资渠道，使合作社、家庭农场等各类经营主体均可以享受政策扶持。同时，制定激励与监管并重的扶持政策，以

激励促发展、以监管促规范，避免“只为追求政策性收益而迅速组建大量不规范合作社”现象的发生，引导和规范合作社发展。

（二）加强不同部门之间的沟通协作，发挥扶持政策的合力作用

相对于普通农户来讲，合作社经营规模大，资金投资大，集约化水平高，面临的经营风险也更高，合作社需要的不仅是简单的农技服务，更需要市场、金融、保险等多元化、专业化的综合性服务。尤其是在起步成长阶段，更需要扶持政策针对合作社发展的薄弱环节，因地制宜地制定应对其不同发展阶段的扶持政策，加强不同部门之间的沟通协作，搭建政府扶持政策与合作社对接的平台，将众多的“撒芝麻盐”政策或措施集于同一经营主体，充分发挥财政扶持资金的引导性、精准性和功能性，形成政策合力效应。同时，也可让合作社承担一部分政府部门不能办的任务，如技术示范、推广等，突破政府人力限制、工作量大的瓶颈，同时，提高合作社后续发展的能力。

（三）充分发挥财政资金撬动社会资本参与合作经营的关键作用

应把推进土地规模经营作为扶持合作社的重要条件，严格审查承担项目的合作社的土地流转面积和流转年限是否符合规定，在保障农民土地承包经营权和收益权的前提下，让财政资金带动社会资本投入合作经营当中，落实产权，公平分配，实现普惠制，促使合作社在内生动力下发展，提高财政支农效率。

（四）加大扶持政策落实监管与效果评价，营造合作社健康发展环境

政策效果的好坏较大程度上取决于政策落实时的监管力度，针对合作社内部监督机制不完善、财政资金使用不规范、财务核算不清晰等问题，急需从以下三方面加大监管力度。

一是申报环节审查。项目主管部门应在项目申报环节的合规性审核的基础上，加强项目实施的可行性政策评价。

二是加快建设合作社财政扶持项目数据库。为确保财政资金分配公正和使用规范，建议由项目主管部门牵头建立合作社的财政扶持项目数据库，收集农业部、科技部、发改委等政府部门的各类财政扶持项目，将其统一纳入数据库。

三是加强项目资金使用监督管理和追踪评价。依托审计机构对各类财政扶持资金使用情况进行审计监督，并对项目实施、建后管护与成果进行评价，逐步建立实施、管护、评价的长效机制。

二、有关合作社规范发展的政策

我国地域差异较大，且各地农业发展程度不一，合作社作为新型农业经营主体，在带动农户提高生产规模效益、增加收入等方面，较其他经营主体具有一定优势。因此，建议鼓励合作社开展多种经营形式合作，解决合作社不同发展阶段遇到的问题，加大支持力度，推动土地托管、流转和入股等合作经营形式的规范、有序发展。

（一）加大示范社扶持力度，总结并推广其经验

从对示范社调研的案例中发现，示范社逐步建立了“利润共享、风险共担”机制，使社员与合作社成为经营共同体。总结其成功的关键因素，主要有5点。一是明晰产权关系，即明确合作社各类资产的权属关系，公积金和财政补助形成的财产、捐赠财产，依法量化到每

个成员。二是完善协调运转的组织机构，即依法建立并运行成员（代表）大会、理事会、监事会等组织机构。三是健全财务管理制度、建立成员账户和管理档案。四是收益分配科学合理，即在可分配盈余中，按成员与农民合作社的交易量（额）比例返还的总额不得低于可分配盈余的60%，剩余部分依据成员账户中的出资额、公积金份额等，平均量化到社员的份额，按比例进行分配。五是定期公开社务和开展信用合作。

（二）调整政策方向，提高支农政策的精准性

扶持政策由于存在“需求大、落实难”问题，导致支农效果不理想。为此，急需调整扶持政策方向。要处理好两个方面的关系。一是理顺主管部门与合作社的关系。主管部门制定扶持政策时应按照合作社发展阶段，实行分类管理、分类支持。起步阶段的合作社规模小，存在发展不规范等问题，可通过提供培训、业务指导等方式促使其规范；成长阶段的合作社初具一定规模且规范发展，可通过项目支持，不断增强其持续发展的核心竞争力；成熟阶段的合作社主要需要技术推广、品种改良、品牌建设等方面的支持。

二是处理好合作社主管单位与财政项目主管部门的关系。合作社扶持政策涉及部门较多，主要为地方管理部门和财政厅（局）。在现行行政体制下，各单位之间存在着“管事的不管钱，管钱的不管事”的突出矛盾，严重影响扶持政策落实效果，突出表现在经管部门或地方合作服务中心在项目资金、项目补助的分配方面权利义务不对等。建议继续深化体制改革，按照事权与财权相统一的原则，调整各部门的利益关系，建立有效的激励机制，落实各项农业扶持政策，提高支农效率。

（三）营造良好环境，加强对合作社发展的指导

基于合作社成立带有盲目性及后续可持续发展能力较差的现状，建议政府结合本地特色产业发展现状，实行分类管理、分类支持，为合作社等多元经营主体搭建农业信息、科技、人才、培训等信息共享的公共服务平台，营造有序的竞争环境，加强产业发展优势判断、市场供需掌握、树立品牌观念等方面的指导，增强其核心竞争力，促使其规范发展。尤其要聚焦合作社业务范围由种植生产扩展到加工、技术培训等内容时出现的新问题，如基础设施用地、融资等，建议对此开展专项研究，联合相关主管部门，按照具体问题具体分析的思路，找到突破口和解决方法。

（四）加强引导，鼓励发展多种经营形式

1. 鼓励促进发展多种经营形式

土地托管、流转和入股等合作模式是农户在增强自身市场竞争力过程中，不断摸索出来的可行的经营形式，具有实践性和可操作性。因此，在坚持农村土地承包关系稳定的前提下，应依据“依法、自愿、有偿”的原则，针对不同地区经济发展水平，鼓励促进多种经营形式的发展，由农户、村集体和经营主体自己确定农业经营形式。

2. 加强引导向资金或土地入股的经营形式过渡

针对农业发展水平低、农户参与合作意识不强等问题，农户、村集体与合作社之间开展的土地托管、流转形式成为一种解决途径，或者说是一种过渡经营形式，且将长期存在。针对这种农户、村集体和合作社的松散形式，需由政府加强引导，规范其发展，促使其逐步过

渡到资金或土地入股等经营形式。建议建立健全合作社服务中心，发挥好引导、指导、监督和协调的作用。

（五）加强政策引导和监管，引导合作社向着为社员服务的方向发展

随着合作社模式的不断创新，呈现出合作社成员异质性、合作社产业化、公司化等几大新趋势。政府应加强政策引导和监管，即坚持合作社为社员、生产者服务的目标，突出社员在合作社中的主体地位，保障社员在合作社中的利益，不仅需完善合作社的相关法规，更需营造健康的社会文化环境和公平的市场环境，界定政府政策的扶持范围，积极鼓励、引导合作社之间开展联合与合作，与产业链上下游的主体，如农资、农技、科研、物流、销售等单位开展农业生产的合作经营，实现优势互补；强化政府扶持资金的引导，利用基层农业经管队伍资源，辅导合作社建立和完善财务管理制度，完善社员账户和收益分配制度，加强对政府项目扶持资金的监管力度，从而引导合作社沿着为社员服务的方向发展。

第七章

案例：财政支持农民合作社发展的有效途径探索

——以财政支持农民合作社创新试点为例

2014 年中央一号文件提出，“推进财政支持农民合作社创新试点，引导发展农民专业合作社联合社”。2015 年财政部《关于支持多种形式适度规模经营促进转变农业发展方式的意见》（财农〔2015〕98 号）指出，进一步加大对农民合作社的支持力度，优先支持从事粮食等规模化生产的合作社发展，系统总结财政支持农民合作社创新试点经验，充分发挥创新试点的典型示范带动作用，大力推广与金融社会资本合作、搭建公共服务平台、政府购买服务等有效措施，探索和推广财政支持合作社发展的有效途径。

根据财政部数据，2015 年中央财政拨付 20 亿元资金中，专门安排 6 亿元进一步支持江苏、浙江、福建、河南、重庆等 12 个省（直辖市）开展财政支持农民合作社创新试点，各地各部门在探索和推广财政支持合作社发展的有效途径、探索创新农业经营体制机制等方面进行了有益尝试。因此，本案例对浙江、江苏、重庆、湖北几个地区的创新试点案例进行了研究，目的是总结提炼和交流推广好经验和好做法，以期为探索适宜本地实际的发展模式和路径提供借鉴经验。

一、基本做法

从调研实际情况看，我国农民合作社的数量较多，但能获得扶持政策的合作社较少，各地财政在支持农民合作社发展的对象选择、支持内容与支持方法方面既存在共同点，也存在不同点。

（一）选择支持对象的依据

从选择支持农民合作社对象的标准看，各地政府按照《农民专业合作社示范社创建标准（试行）》（农经发〔2010〕8号）评出示范社，结合当地主导产业发展情况，制订选择财政支持农民合作社对象的标准。如河南、福建等地区选择财政支持的标准主要包括三点。

一是民主管理规范。登记时间满两年，有固定的办公场所和服务场所及必要的办公设施设备；遵循“民办、民管、民受益”原则，建立财务管理、财务公开、社务公开、议事决策记录等内部规章制度；每年至少召开一次社员（代表）大会并做会议记录；社员（代表）大会选举和表决实行一人一票制；可分配盈余按交易量（额）比例返还给成员达到60%以上。

二是示范带动能力强。要求围绕当地主导产业（或产品）或特色产业（或产品）组建合作社，经营业绩、市场前景和预期收益良好；入社成员数量要高于当地合作社平均水平，社员收入要比加入前有所增长（一般是10%左右），社员收入要比未加入农民有所增加（一般在30%左右）。

三是服务能力强。合作社与社员在市场信息、技术指导、业务培训和产品营销等方面具有稳定的关系，实现统一购买、统一加工、统一指导、统一销售等专业化服务模式。

（二）支持合作社发展的内容

从支持农民合作社发展的内容看，各地区支持农民合作社的创新试点的财政扶持内容，主要是针对目前农民合作社发展呈现的新特点，如多主体领办带动、多领域协调发展、多行业携手联合等，不断引导农业主导产业发展，带动更多农民参与合作，解决单个合作社解决不了的问题，建设联合平台、融资渠道、服务平台等资源整合、协调机制。具体内容有如下三点。

一是以示范社为抓手，支持合作社做大做强，提升合作社层次。根据不同地区的主导产业，重点培育示范典型，规范组织机构、章程制度、财务管理等规章制度，从运行机制、服务功能、经营规模、产品质量、带动效果等5个方面入手，把服务向加工、销售领域延伸，组织农户率先实行标准化生产，积极开展无公害农产品、绿色食品、有机食品和农产品地理标志的认证，以及标准化生产基地和品牌化建设，按照市场需求开展规模化生产、专业化经营、系列化服务，引导农民进入市场参与竞争，做到典型引路和示范带动，真正发挥农民合作社在推进现代农业发展中的作用。

二是拓宽融资渠道。调研得知，大多数农民合作社遇到的最大发展瓶颈之一就是资金短缺。究其原因，是由于农业经营主体本身可提供的抵押物品和担保能力不足，而银行看重的是产业主体是否可提供易变现抵押物品（如房产），因此很难向合作社发放贷款。银行本身虽想将这些农业经营主体纳入放贷的范围，但金融行业对风险控制、资产负债率的严格要求决定了金融机构在支持农业、农村发展方面存在一定的局限性。

三是通过项目建设，搭建服务平台。各地农业部门也相继在省、市、县三级组织试点示范项目建设，在生产、技术、加工、贮藏、运销等环节，指导专业合作组织健全民主管理制度，实行标准化生产、专业化服务、产业化经营。重点支持互联网交易、农村产权交易、金融支农服务、农业经营主体信用服务、农产品流通营销等平台建设。

二、几大创新

（一）创新试点呈现三大特点

通过对创新试点案例的研究，发现创新试点呈现三个特点。一是不断拓展合作领域。从农产品的生产技术合作，发展到种植、养殖、运销、加工、储藏、水利建设、农机服务、农业旅游等多个领域。二是不断丰富合作内容。从单一生产环节的合作，向加工、流通、服务等领域拓展，实行了农资供应、生产技术、产品标准、品牌包装、市场营销、产品认证等一体化服务。三是探索区域合作。即从本地域生产合作向跨区域发展转变，促进了农业生产经营规模化。

（二）创新试点的四大创新

一是组织创新。以浙江富阳、安吉两家联合社为例，通过政府、财政、农商银行、农业龙头企业、农民合作社五方力量搭建了一个农业适度规模经营的联合社平台，在此基础上建立了“农业产业信贷资源库”，来实现银行与农业、农村之间需求的有效对接，较好地帮助银行盘活了涉农贷款中的一些不良资产，增加了银行放贷的信心与力度。

二是财政支持方式创新。根据调查，浙江、安徽、重庆等地创新财政资金投向及使用机制，加强与银行、农村信用社、投资担保公司等金融资本的合作，逐步取消扶持资金无偿补助的方式，建立以先建后补、以奖代补、民办公助、贷款贴息、“借转补”等方式的试点资金运作模式，提升合作社自我发展的主动性。也可以通过购买服务的方式，将部分农业公益性服务交由联合社承担；推动支农项目与农民合作社对接，完善项目形成资产移交、占有、使用和管护机制。以江苏为例，江苏政府采用购买农业公益性服务的方式，针对农业中存在的相关问题，确定选择种子、农药、防疫检疫等作为政府购买服务项目的试点内容，以政府订购、定向委托、以奖代补、招投标等方式，完善购买形式，规范标准程序，先后制定了政府购买服务实施意见及补贴项目实施办法，对购买服务项目的主体、内容、操作办法、评估机制等做出了系统规定，逐步建立了符合地方实际、具有前瞻性和操作性的政府购买服务工作机制。

三是金融支持模式创新。针对合作经营缺乏有效抵押物、担保物的问题，不同地区采取了不同的金融支持模式。以江苏为例，通过政府、银行、平台三方参与合作，与民生、平安、农行等金融机构合作，实施“无抵押、无担保，弱抵押、弱担保”的农业融资新模式，推出了惠农贷担保基金、共同基金、金农贷风险补偿基金和富农贷担保基金等多款农业金融产品。

重庆则通过“创投基金投资+金融资本贷款”的方式，即依托市农委全资公司重庆市农业资产公司设立农民合作社创投基金，吸引银行贷款，按照每个项目3∶7的资金配比为农民合作社提供贷款，并按投资比例共同承担风险。

河南则通过设立融资风险补偿金的方式，来提高农民合作社的偿还能力。即省财政厅与省农开担保公司合作，搭建了省级统一担保融资平台，省级与试点县的财政按照3∶2的比例，分别设立省级和县级财政融资风险补偿金，存入公司指定的合作银行，合作银行根据省农开担保公司担保，为农民合作社等新型经营主体提供贷款，年度融资规模至少放大到财政资金的6倍。

四是社会化服务体系创新。以浙江富阳联合社为例，基层合作社组成联合社，实现跨产业联合，为成员解决单个合作社解决不了的问题，如融资、新品种、新技术应用推广、营销平台。技术问题通过合作社与科研院所等多方合作，对农业新品种进行研发与示范，依靠技术创新实现产业升级。通过联合社，实现了农民间、合作社间、农民与合作社间的资源整合、信息共享、风险共担，不断创新社会化服务体系。

三、经验总结

上述案例，为探索发挥财政支持农民合作组织资金有效性的方式与方法提供了较好的借鉴经验。

一是政策优先支持的对象示范带动作用显著，且服务能力强。从案例分析看，政策优先扶持跨区域、对农民引领作用突出的、上规模的农民合作社或联合社。从合作内容看，扶持对象一般以土地、技术、资金等生产要素进行深度股份合作，其业务范围涵盖生产、加工、流通和销售等全产业链的所有环节。从金融支持看，各类获得扶持的合作社均试图与政府、银行、公司建立紧密的合作关系平台，进而与银行建立金融支持渠道；在成员间建立了资金互助机制，开展信用合作。从民主管理看，财政支持对象需不断完善其内部制度，规范财务基础管理，增强与成员间的利益联结。

二是财政扶持的基本方式多种多样，应灵活运用。财政扶持主要是为农民合作社提供公共物品和服务，以改善农民合作社的竞争条件。根据调研得知，财政扶持方式主要包括四种类型：①政府直接为合作社提供服务，如技术推广、举办农产品展销会、培训等。②政府购买服务，即针对农业经营中的公益性项目，让农民合作社、家庭农场等承担，政府负责监督与评估。如农产品生产标准和技术规程制定、农产品质量认证、农业生产基地认证、农业保险、农产品展销、农业信息化等内容。③直接补贴，即由政府设立项目专项资金，用于投资上规模、示范带动作用强的农业基础设施的改善与建设。如对农民合作社购置农机设备给予补贴。④以奖代补，主要是政府奖励运行规范、管理机制完善、服务水平较高且典型示范作用强的农民合作社，鼓励更多的农民合作社为农民提供服务，形成民主管理、风险同担、收益共享的互助性经济组织。从中央到地方，应当根据农民合作社的发展情况、阶段特点，制定或修订奖励标准。

三是财政支持农民合作社的重点应以农民合作社示范项目为主。从案例中可以看出，目前政府对农民合作社的财政支持主要是以示范项目为主，重点培育规模化、专业化、机械化等大型农民合作社。从未来发展看，财政支持的重点有必要向农民合作社示范社与农民合作社普通社建设结合转变，按照财政均等化的基本原则，实现让财政普及到符合条件的每个农民合作社，在提高市场资源配置效率的同时，促进社会公平。进一步提升农民合作社服务社员的能力，有效发挥农民合作社在提高弱势小农户的市场地位、促进小农增收方面的作用，推进农业经济的持续、稳定增长。

参考文献

[1] 农业部办公厅．关于印发创新农业体制机制典型经验的通知，农经办〔2015〕27号
[2] 财政部办公厅．关于中央财政支持农民专业合作组织试点工作的通知，财办农〔2003〕91号
[3] 福建省财政厅．关于做好2015年财政支持农民合作社创新试点工作的通知，闽财农〔2015〕57号
[4] 浙江省财政厅．关于报送浙江省中央财政支持农民合作社创新试点实施方案的报告
[5] 江苏省财政厅．关于下达2014年中央财政支持农民合作社创新试点资金的通知，苏财农〔2014〕151号
[6] 苑鹏．农民专业合作社的财政扶持政策研究．经济研究参考，2009（41）
[7] 李忠峰，傅博．让农民合作社扬帆远航——财政支持农民合作社创新试点“河南模式”调查．中国财经报，2015-7-17
[8] 张瑶瑶．搭建农业适度规模经营的联合社平台——财政支持农民合作社创新试点的“浙江模式”调查．中国财经报，2015-9-7

第八章

案例：湖南省隆平粮社的合作与联合经验及启示

2013 年中央一号文件指出，“引导农民合作社以产品和产业为纽带开展合作与联合，积极探索合作社联社登记管理办法”。2014 年中央一号文件指出，要“引导发展农民专业合作社联合社”，这给农民合作社的合作与联合带来较好发展机遇。据农业部经管总站的各地上报数据统计，2012 年全国各类农民联合社 5600 多家，联合会 2554 家，涵盖农民专业合作社 84000 多家，带动农户达 560 多万户，在降低农民生产成本、扩大农品销售渠道、提升品牌效应等方面起到了重要作用。

从农民合作社发展的实际情况与模式看，目前，我国的合作与联合的主体一般是农民合作社的基层合作社。合作与联合形成的“联合社”的功能主要是经营、提高规模化水平、联合销售，范围一般是在省内的同类农产品、相同产业之间的合作与联合。而对于省内不同类农产品或不同产业，以及跨区域或全国性的合作与联合的模式仍然在探索中，相关法律法规还不完善。

通过实地调研发现，隆平粮社[①]在同类农产品、相同产业的合作

① 湖南隆平高科种粮专业合作联社，简称隆平粮社。

与联合方面的做法较为成功。为此，本章以隆平粮社为案例，对其合作与联合的经验进行总结，以期为推动跨区域及全国性的合作与联合，促进相关法律法规不断完善，起到指导作用。

一、隆平粮社发展现状

（一）隆平粮社经历的发展阶段

隆平粮社从成立到更名联合社共经历两个阶段。

第一个阶段是龙头企业领办合作社发起阶段。2007 年 8 月 8 日，湖南隆平米业种粮专业合作社登记注册，是湖南省以“龙头企业（袁隆平农业高科技股份有限公司）+合作社+农民组织”模式成立的第一家种粮合作组织。2007 年 9 月，第一批 9 个基层合作社加入；2008 年更名为湖南隆平高科种粮专业合作社。随后几年，隆平粮社不断扩大基层合作社的数量（表 8－1），确立了管理制度、社员代表大会制度，注册登记隆平粮社的标徽及字号。虽然合作社的名称中没有出现“联合”或“联合社”字样，但从合作的模式来看，联合社的组织机构已完全建立，隆平粮社已经成为湖南省首家农民专业合作社的联合社。

表 8－1　　2010 年隆平粮社 24 个基层合作社的基本情况

序号	合作社名称	入社户数（户）	入社面积（hm^2）	出资总额（万元）	土地流转（hm^2）	加工能力（t/d）	仓储能力（t）	生产面积（hm^2）	产品销售（t）
1	乌　山	455	287	64.8	33	60	7000	1467	1000
2	军山铺	65	467	1100	—	150	12800	533	—
3	桂　东	3400	1733	1350	33	70	2000	533	7800
4	格　塘	248	437	127.1	7	20	2000	2000	500
5	双江口	840	800	1300	320	100	4200	2000	9150

续表

序号	合作社名称	入社户数（户）	入社面积（hm^2）	出资总额（万元）	土地流转（hm^2）	加工能力（t/d）	仓储能力（t）	生产面积（hm^2）	产品销售（t）
6	岳　阳	1500	667	1000	—	200	15000	1000	8000
7	龙　伏	26	667	46	13	60	2000	—	—
8	葛　家	309	77	30	77	—	—	267	1200
9	永　安	151	47	3.02	—	—	—	267	—
10	梅　花	800	333	7.2	—	—	—	67	—
11	洲　口	520	1067	9.4	—	—	—	2667	—
12	岩汪湖	750	367	2.34	—	—	—	2000	—
13	草　尾	23	20	1.1	—	40	300	400	8000
14	南　大	34	667	120	—	200	10000	6667	30000
15	天　元	2100	1000	270	73	50	1200	1333	4500
16	泗湖山	24	133	34	—	—	—	200	—
17	大　众	51	389	789	213	200	15000	3333	11000
18	衡　东	122	180	1693.3	—	150	20000	2000	20000
19	靖　港	600	220	55	220	50	1200	467	2000
20	朱良桥	158	213	108	—	30	500	433	—
21	坪　塘	51	18	1.75	7	20	1000	667	—
22	岩　嘴	178	153	6.5	—	—	—	—	—
23	花明楼	80	200	4.68	—	60	600	667	800
24	金　棋	63	133	4.32	29	60	1100	267	15500
合　计		12524	10248	10248	1027	1470	88900	28167	99450
约　数		1.25万户	10248	10248	1027	40万t/a	9万t	28167	10万t

注：资料来源于隆平高科种粮专业合作社（http：//www. hnlpls. com/channel. aspx？chid = 7）；表中数据为隆平粮社2010年24家基层合作社的基本情况，可以基本上反映目前这24家基层合作社的初期发展现状和规模。“—”表示资料缺失。

第二个阶段是实际意义上的联合并以“联社”命名。2014年3月，隆平粮社正式更名为“湖南隆平高科种粮专业合作联社”，截至2014年11月，基层合作社数量发展到50个，入户数量达到19840户，涉及9个地级市和20个县。

（二）隆平粮社基本情况

隆平粮社通过对湖南省有关种植水稻的农民专业合作社进行合作与联合，形成了省内相同产业、同类产品的整合效应，有效解决了粮食生产的农户分散、效益低下等问题。

一是带动农民规模化生产，发挥辐射带动作用。从入社户数、入社面积和生产面积来看，2010 年入社户数为 1.25 万户，入社面积达到 $10248hm^2$，生产面积达到 $28167hm^2$。通过基层合作社形式组织农民入户，集中了农民分散的耕地进行统一生产，扩大了生产面积。其中，天元基层合作社入社户数最多，共有 2100 户，入社面积为 $1000hm^2$，生产面积为 $1333hm^2$。从均户扩大的生产面积来看，南大基层合作社粮食生产的集约化程度较高，入户数量仅为 34 户，入社面积 $666hm^2$，但生产面积推广到 $6666hm^2$，平均每户推广面积为 $176hm^2$（图 8－1）。

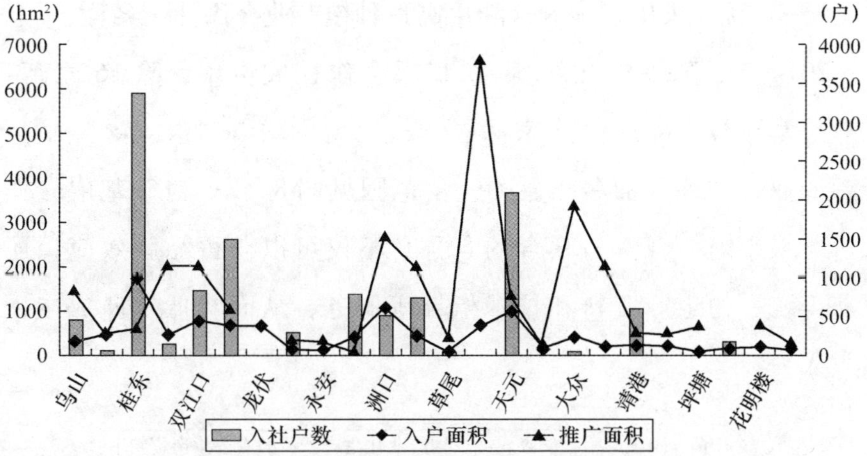

图 8－1　2010 年隆平粮社 12 家基层合作社组织基本情况

二是土地有序流转，加工与仓储能力增强。双江口、葛家等 11 家基层合作社的土地流转面积为 $1000hm^2$。其中，葛家、靖港土地流转面积分别为 $77hm^2$、$220hm^2$；双江口合作社流转面积较多，为 $320hm^2$，占入社面积的 40%。岳阳、双江口等 17 家基层合作社具有一定的加工能力（40～200吨/日）和仓储能力（300～20000吨），每年加工能力达40万吨，仓储能力达到9万吨。其中，南大、双江口、大众三家合作社每日加工能力达到了200吨；衡东、大众、南大、岳阳和军山铺合作社仓储能力较强，平均仓储能力在1.5万吨。

三是生产规模效益初显，农户收入不断增加。通过合作与联合的方式，使得基层合作社可及时学习和掌握优良品种知识和新技术，并开展统一耕种、统防统治，实现亩均增产近100公斤，降低生产成本50多元，基层合作社产品销售达到10万吨，合作社农户亩均增收350～500余元。

二、隆平粮社合作与联合的做法

（一）统一采用“×××隆平高科种粮专业合作社”名称

2014年，隆平粮社的51家基层合作社成员中，除16家蔬菜、茶业等基层合作社外，35家基层合作社名称均以“×××隆平高科种粮专业合作社”命名，业务经营范围见图8－2。对于基层合作社来讲，采用统一合作与联合的名称，不仅可以获得品牌效应，还可以获得统一的生产资料和技术指导等服务，从而降低生产成本，提高收入。

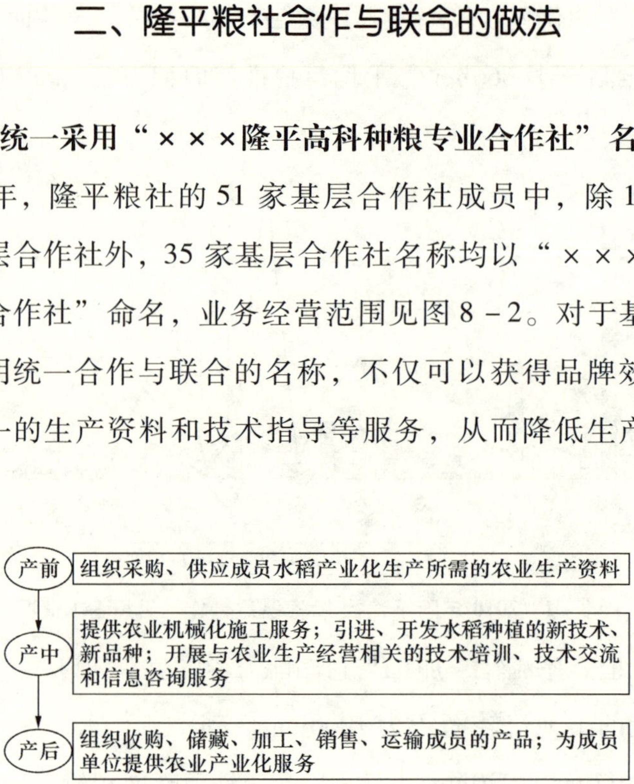

图8－2　隆平粮社的业务经营范围

（二）提供上、中、下游产业链的全面服务

隆平粮社采用“龙头企业＋合作社＋农户”的生产经营模式，以“多种粮、多产粮、种好粮”为办社宗旨，依据规范办社、民主办社、依章办事的原则，实行三级制度（表8－2）。通过隆平粮社使基层合作社与上下游企业（下游如农产品加工企业，上游如饲料肥料企业等）有效对接，享受全产业链的服务，在科研、种子、化肥、农药、加工、粮机、贸易等多个环节开展多种合作经营，确保农户与市场之间形成稳定的经营管理渠道，提高了产业价值链效率，降低了费用，提高了农民收入。

表8－2　　隆平粮社的管理制度

序号	制度名称	等级	一般要求（以章程规定为准）
1	章程	一级	全体设立人大会一致通过，并在章程上签名或盖章。修订由理事会提出，成员(代表)大会2/3多数通过
2	社员管理细则	二级	理事会提出草案，成员（代表）大会2/3多数通过
3	理事会议事规则	二级	理事会提出草案，成员（代表）大会2/3多数通过
4	盈余分配规则	二级	理事会提出草案，成员（代表）大会2/3多数通过
5	财务管理细则	二级	理事会提出草案，成员（代表）大会2/3多数通过
6	聘任人员报酬制度	三级	理事会2/3以上通过，报成员（代表）大会备案
7	社员教育培训制度	三级	理事会2/3以上通过，报成员（代表）大会备案
8	农业投入品统一采购制度	三级	理事会2/3以上通过，报成员（代表）大会备案
9	产品统一销售制度	三级	理事会2/3以上通过，报成员（代表）大会备案
10	产品质量管理制度	三级	理事会2/3以上通过，报成员（代表）大会备案
11	理事长岗位职责	三级	理事会2/3以上通过，报成员（代表）大会备案
12	总经理岗位职责	三级	理事会2/3以上通过，报成员（代表）大会备案
13	财务公开制度	三级	理事会2/3以上通过
14	档案管理制度	三级	理事会2/3以上通过
15	财务人员岗位职责	三级	理事会2/3以上通过

注：资料来源于2014年3月《湖南隆平高科种粮专业合作联社章程》。

（三）统一技术指导与培训，提高核心竞争力

依托“隆平粮社”品牌，基层合作社之间各自都是独立的经营实体，其社员共享有关隆平粮社的相关服务产品、品牌服务和开发粮食产品的经营权益，以及技术指导、新品种、新技术的各类培训。隆平粮社采取专家讲座、田间实践指导的方式，定期培训社员，进行包括水稻生产、栽培技术、水稻测土配方施肥技术、水稻病虫无公害专业化统防统治等技术指导，突破企业与农民合作社之间简单的合同购销关系，为社员提供了更多的技术和培训，加大技术研发与科技推广力度，使社员成为“职业种田人”。

三、隆平粮社的合作与联合的启示

一是陆续出台地方性法规、登记管理办法等文件，赋予联合社合法地位，为农民专业合作社的合作与联合提供了重要的保障。《湖南省实施〈中华人民共和国农民专业合作社法〉办法》（湘常备〔2009〕24号）于2010年正式实施，对农民专业合作社的规范发展具有重大意义。2013年5月湖南省工商行政管理局又出台《关于农民（专业）合作社联合社登记工作的意见》，该意见不仅赋予了联社的“合作社”合法地位，更鼓励农民专业合作社出资设立联社。

二是依托于“袁隆平农业高科技股份有限公司”的品牌与服务优势，促进了基层合作社的快速发展。隆平粮社采用企业领办合作社模式，利用产业对接、技术指导与培训和合作社发展论坛等形式，为基层合作社与市场、基层合作社与政府支持的对接搭建了重要的平台，是促进基层合作社做大做强的重要模式。

三是品牌优势形成隆平粮社的核心竞争力。“隆平粮社”商标在

粮食产业尤其是水稻种植方面已经形成了较强的品牌优势，突破了由于中国农产品种类多、品牌小带来的农产品销售难的瓶颈。

四是联合以技术指导、培训为合作核心内容，培养社员成为职业种田人。隆平粮社突破了企业与农民合作社之间简单的合同购销关系，为社员提供更多的技术培训，加大技术研发与科技推广力度，提高了社员种粮的专业化水平。

四、结　论

本案例对从设立之初到成熟阶段的隆平粮社进行了研究，归结其发展因素，主要有三点。一是湖南省对合作社陆续出台的地方性法规、登记管理办法等，实践与文件同步，促进了合作社规范化发展；二是隆平粮社的品牌效应明显；三是农民加入合作社以及合作社之间的联合带来资源、技术、资金、人才等多方面的整合，提升了农民在市场经济中的竞争力。

参考文献

[1] 农民专业合作社联合社发展研究课题组. 中国农民专业合作社联合社调查研究报告. 中国农民合作社，2014（3）

[2] 孔祥智. 有关合作社研究的几个理论和实践问题. 第二届“中国合作经济中青年学者工作坊”论文集，2014

[3] 赵铁桥. 农民合作社创新与发展——带头人能力建设研讨班的讲话. 农业部农村经济体制与经营管理司（农村合作经济经营管理总站），2014

[4] 徐旭初. 建构合理的政府与农民合作社的关系. 中国农民合作社，2014（10）

[5] 孔祥智. 发展多类型合作社. 中国合作经济评论，2014（2）

[6] 徐旭初. 从“企业+合作社+农户”走向“合作社+企业+农户”. 中国农民合作社，2010（2）

[7] 苑鹏. 农民专业合作经济组织发展的未来展望. 农村经营管理，2008（11）

[8] 温铁军. 农民专业合作社发展的困境与出路. 湖南农业大学学报（社会科学版），2013（8）

[9] 赵晓峰. 粮食类农民专业合作社：发展机制与促进对策. 贵州社会科学，2013（6）

[10] 刘寿诺．充分发挥种粮合作社对国家粮食安全的保障作用．中国新农村，2014（7）
[11] 左宁．大力发展种粮专业合作社是发展粮食生产的重要途径．农村经营管理，2008（5）
[12] 刘文中．赣州市粮食专业合作社的调查与思考．中国粮食经济，2010（4）
[13] 尹惠斌．粮食安全视域下的湖南粮食专业合作社发展研究．湖南财政经济学院学报，2012（10）
[14] 尹惠斌．促进农村土地承包经营权流转的对策分析．湖南财经高等专科学校学报，2009（1）
[15] 吴易雄．农民专业合作社发展问题研究．广州农业科学，2011（7）
[16] 黄珺．我国粮食专业合作社发展研究．中国行政管理，2009（9）
[17] 赵建兴，王荣成，翟军海等．关于构建以合作社为载体的粮食生产长效机制的思考．中国农技推广，2012（7）
[18] 陈永刚．开远市金土地粮食专业合作社探索土地流转新途径．第七届中国合作经济发展论坛，2011
[19] 隆平粮社．http：//www. hnlpls. com/channel. aspx？chid = 1
[20] 左连生．隆平粮社：科技与合作的共振．农村经营管理，2012（8）

第九章

案例：黑龙江克山县仁发农机合作社财政项目资产持有和管护机制探索

农机合作社作为农民专业合作社的重要组成部分，是提高农业组织化、规模化、产业化的有效组织形式，是落实扶持政策、提高政策效率的重要抓手。随着农业部《关于加快发展农机专业合作社的意见》（农机发〔2009〕6号）的出台与实施，对农机专业合作社发展的扶持、指导和服务也不断加大，尤其是在财政、税收、金融等方面，实施了不少政策措施。其中，黑龙江、江苏等地将农机专业合作社作为实施各类农机财政专项和基本建设项目、科技研究推广项目的重要主体。2014年中央一号文件提出，允许财政项目资金直接投向符合条件的合作社，允许财政补助形成的资产转交合作社持有和管护，有关部门要建立规范透明的管理制度。此类合作社作为获得财政补助较多的农业经营组织之一，对财政补助形成资产的持有和管护的落实效果如何、是否形成持有和管护机制，是评价扶持政策落实效果的重要标准之一。本章以黑龙江克山县仁发农机专业合作社为例，进一步分析该类合作社对财政补助形成资产的持有和管护的落实情况，并探索研究其持有和管护机制。

一、黑龙江省克山县仁发农机专业合作社情况介绍

黑龙江省克山县是国家重点商品粮、大豆和马铃薯的基地县。为深入贯彻关于“积极发展现代化大农业”的重要指示精神，2008年，黑龙江省出台了支持现代农业发展的具体措施，规定“凡注册资金达到400万元以上的大型农机合作社，政府将以1.5倍的财政资金进行配套”。2009年10月，由黑龙江省克山县河南乡仁发村的村支书李凤玉和6户农民共同注册成立了“克山仁发农机合作社”，注册资金850万元。其中，李凤玉出资550万元，6户农民分别出资50万元；拥有130台大型农机具。2012年仁发农机合作社被评为“全省现代农机合作社示范社”，被农业部授予“全国农民专业合作社示范社”称号。

1. 合作社经营状况

从名称上看，仁发农机专业合作社是农机合作社，但实质上是购买了农机的土地股份合作社，服务对象为河南乡全体农民。对外采取企业运作模式，参与市场竞争；对内采取“分配制度+民主管理”的合作社原则，以防止能人带动或大户等合作社演变成为个人企业或者少数人的合伙企业。调查数据显示，2010年仁发农机合作社成员数量为7户，此后，农户以土地入股的方式加入合作社。2011年入社成员314户，农民户数占100%，大机械代耕作业面积为28.4万亩，土地入股面积为1.5万亩；2012年入社农民1222户，入社土地30128.4亩，有大型农机具113台套，可辐射作业面积23.2万亩；2014年社员达到2638户，入社土地面积54000亩（表9-1）。

表 9－1　　黑龙江省克山县仁发农机专业合作社的生产经营状况

	2010 年	2011 年	2012 年	2013 年	2014 年
成员数量（户）	7	314	1222	2436	2638
入社土地面积（亩）	0	15000	30128	50159	54000
财政补助总额（元）		12343626	15768848	20768848	17343626
成员量化额度（元）		39311	12904. 1	8525. 8	6575
总盈余（万元）	－187	1342. 2	2758. 6	5328. 8	4890. 3
成员分得盈余（元/户）		12251	5634	2814	1489

资料来源：孔祥智，"从两个案例看合作社规范化"，2015 年，第三届"中国合作经济中青年学者工作坊"，2015 年。李世武，"农民合作社规范运行要点"，农业部干部管理学院关于举办农民合作社规范建设培训班，2015 年。

2. 出资情况

2010 年，仁发农机合作社出资情况为原始入股金额，即 850 万元。2011～2012 年合作社出资情况包括国家投入财政补助、以每股 350 元/亩核算的土地入股金额等两部分资金，社员按照出资比例获得相应分红。2013 年以后，根据合作社的入股金额调整，出资情况只包括原始股东入股和国家投入财政补助，取消了农户的以土地入股的保底金额。

3. 盈余分配

2010 年 7 人组建合作社；2011～2012 年采取"保底＋分红"的分配方式；2013 年起取消保底，采取分红方式，土地入股的农户按交易量返还盈余。盈余分配主要包括公积金量化、国家投入量化及分红，即按合作社章程规定，提取 50% 盈余充当公积金，作为合作社发展基金；剩余的 50% 作为入股成员分红资金。2011～2014 年合作社总盈余逐年增加，其中，2013 年总盈余达到了 5328. 8 万元，按照上述分红方式，成员分得盈余 2184 元/户。

二、主要做法及效果

（一）主要做法

1. 由提供单一机械代耕服务向提供代耕服务和直接经营土地转变

2010～2012年运营初期，仁发农机合作社采取租赁和代耕服务的经营方式，以每亩240元共租赁土地1100亩种植大豆；同时，为农户提供代耕服务，费用为每亩50元，共代耕6万亩。合作社统一生产经营、管理租赁土地，但由于土地分散，大农机耕作优势不明显，同时，由于市场行情波动较大，导致2010年合作社亏损187万元。因此，合作社不断转变经营方式，不再仅作为单一机械代耕服务主体向农户提供服务，而是要由农民和合作社形成利益联结共同体，共同经营管理。所以在2011年，合作社采取土地入股的方式吸引农户加入合作社，以“保底+分红”的方式，与农户形成了共同经营的合作模式。到2012年合作社社员已经达了1222户，土地经营面积达到了3万亩，实现了规模化生产经营，极大地提高了农业规模效益，增加了农民收入。

2. 遵循民主管理、民主决策原则，形成利益共享、风险共担机制

组建合作社以来，仁发农机合作社在涉及社务重大事项时始终遵循“民主管理、民主决策”的原则，实行“一人一票”制，由理事长和社员召开代表大会共同决策，再由监事会监督执行，积极维护社员利益。在利润分配上，2013年以后，合作社不断探索实施分配方式，经过社员代表大会决定，取消土地保底收入，社员以土地入股且按交易量处理获得可分配盈余，采取“两提、两分”的分配方式：“两提”即提取公积金和折旧费；“两分”即国投盈余平均量化分红到户和剩余盈余二次分红。2013年总盈余5328.8万元，74%分配给入社土地，亩均分红786元；剩余的26%按现金入社、上年提取公积金和国投资金分配，其中的国投和专项资金量化到户折算成亩，亩均分红136元，将两次的分红加总为土地入股社成员的最终亩均分红，为922元（表9－2）。

表9－2　　2011～2014年合作社盈余分配表　　单位：万元

年份	总盈余	土地		出资		财政补助资产		公积金	
		分得金额	占比（%）	分得金额	占比（%）	分得金额	占比（%）	分得金额	占比（%）
2011	1342.2	688.6	51	264.9	20	384.7	29	4.1	0.3
2012	2758.6	1514.9	55	371.1	13	688.5	25	184.1	7
2013	5328.9	3942.5	74	280.5	5	685.5	13	420.4	8
2014	4890.3	3667.7	75	192.5	4	392.8	8	637.3	13

资料来源：孔祥智，“从两个案例看合作社规范化”，第三届“中国合作经济中青年学者工作坊”，2015年。李世武，“农民合作社规范运行要点”，农业部干部管理学院关于举办农民合作社规范建设培训班，2015年。

（二）效果

1. 农民身份转变：农民变社员

经历2010年亏损以后，2011年仁发农机合作社总结原因，除农机投入较大、折旧也较大、作业范围小等合作社自身运营问题外，获得国家补贴资金尚未形成吸引农户的农业生产规模经营也是一大原因。因此，合作社调整合作模式，采取“土地入股＋财政补贴量化”的方式，吸引农户参与农业规模生产，目前，已经实现全乡覆盖。

合作社遵循的原则主要有5条：①2012年以前以350元/亩作为社员的保底分配，2012年以后社员入股土地按交易量进行二次返还；②土地入股不分先后，社员拥有平等权利和义务，参与年终分红和国家财政补贴所产生盈余的分配；③合作社重大决策实行民主决策，一人一票，而非按股权表决；④入社自愿、退社自由，社员在退出时可以获得自己成员账户上的全部股金（公积金除外），包括各种盈余结转；⑤社员可以享受合作社提供的低息贷款等优惠服务，最大金额以入社土地面积的市场价格折算。

通过农户和合作社合作进行规模经营，破解了长期以来农业效益低的难题，主要体现在两点：一是降低了种植成本，手段包括统购生产资料、机械化耕作，与农户自己耕作相比，每亩低100元。二是提高了农业应用技术水平，如“大垄技术”，与农户自己耕作相比，亩产增加100多斤，亩产增收达400多元。

2. 创新管理机制，放大补贴收益均分，发挥规模效益，实现合作社与社员双赢

合作社不断探索创新管理机制，建立并完善吸纳社员入社制度、管理制度、分配制度等三个重要的机制。

一是吸纳社员入社制度主要是采取以地折资的入社方式，有效引导农民以土地入社。

二是管理制度主要是通过建立成员大会、监事会、理事会等组织机构，不断完善生产、经营、财务、机务、人员、油料管理、安全等各项规章制度。合作社重大事项的决策采取一人一票制，充分体现了民主，激发了社员的参与管理与监督的积极性。

三是分配制度主要是进行利润二次分配。一部分是以土地入股的社员、核心出资人、国家财政补贴的资产均按出资比例分配利润，另一部分是把国家财政补贴的资产得到的利润量化到社员。

3. 提高了土地产出率、劳动生产率

仁发农机合作社通过规模化生产和集约化经营，对土地、机械、技术、资金、人才等生产要素的优化配置，进行良种、良法、良田和良机深度整合，使得玉米大垄双行种植、大豆垄三栽培、马铃薯大垄种植等先进农业技术模式得到广泛应用，提高了农业土地产出率、劳动生产率和农产品商品率，确保了农业增产增效。2014 年，合作社玉米平均亩产 1500 斤，比当地非成员平均每亩增产 160 斤；大豆平均亩产 350 斤，比非成员平均每亩增产 50 斤；马铃薯平均亩产 6500 斤，比非成员平均每亩增产 2300 斤。合作社经营 2.67 万亩土地，粮食总产量 2356 万斤，增产粮食 520 多万斤；合作社劳均生产粮食 45.3 万斤，是非成员劳均生产量的 11 倍。

4. 促进了农民持续增收

合作社从降低成本和提高单产两个方面获取规模效益。特别是通过统一购买生产资料、统一播种和田间管理、统一收获和销售产品等，大幅度提高了土地收益，进一步增加了成员收入。2014 年，合作社入社土地直接收益和国投平均量化收入等每亩土地收益达 854 元，比当地土地流转价格高 450 多元，比非入社农户收益高 420 多元。在以土地入社增加财产性收入的同时，社员外出打工增加了工资性收入，实现了多渠道增收。2014 年，合作社社员家庭人均收入达到 14520 元，比当地未入社成员高 16.2%。

三、经验借鉴

（一）规范先行，原则明确

调查发现，仁发农机合作社之所以由亏到盈、由小到大，是因为严格遵照《合作社法》的相关要求，不断完善规范制度，做到成员账户规范、代表大会规范、决策制度规范、分配制度规范；实施土地入股、民主管理、入社自由与退社自愿、盈余分配合理等几项原则。合作社在重大事项上，实行一人一票，逐步取消了原来按入社资产比例进行决策的模式，这是《合作社法》赋予社员的权利，也是合作社社员在民主权利上有别于其他经济组织的重要标志。

（二）合作社与社员之间产权明晰，做到风险共担、利益共享

合作社的出资人、“带地入社”或“以地折资”农民和政府投入资金所形成的资产，实行资产联合所有，按照资产平均量化的分配方法，逐渐明晰合作社与社员之间清晰的产权关系，使每位社员均可享受到土地经营权收入和二次分配机制①，做到了“未分配盈余为零”，同时将国家农机补贴投入收益、合作社收益等按照户数平均分配。此外，按比例计提公积金，量化到个人账户并等同投资，通过科学分配机制，既保护了出资人利益，又有效解决了保障农民收益和筹措发展资金的重大问题，促进了合作社持续发展和农民持续增收。

（三）土地经营规模化，实现规模经济效益

土地缺乏规模化经营是各地普遍面临的问题、调查结果显示，仁发农机合作社在充分尊重农民意愿和维护农民权益的基础上，开展土地经营规模化合作，通过土地把农民与合作社结成利益共同体，将规模经营引入农业生产中，采用现代农业经营模式，应用先进生产技术和配置先进农业生产机械，把零碎土地集中起来，获得资金扶持，提高土地产出率。

（四）拓宽贷款抵押物范围，探索贷款渠道

和其他合作社一样，资金短缺是合作社面临的最大瓶颈。仁发农

---

① 二次分配机制，一次是土地折资和出资人、国投资产一起按出资比例分配利润；二次是把国投资产分得的利润平均给入社农户。

机合作社积极与地方政府、银行探索贷款渠道，拓宽贷款抵押物范围，并于2013年初试使用土地承包经营权进行抵押，在县政府监管下，以土地经营权的收益权作担保，并获取首批贷款①。据调查，合作社在使用土地承包经营权抵押贷款时明确了5个细节：一是明确农村土地权属关系；二是明确抵押登记机构；三是明确抵押率；四是明确抵押物价值认定过程；五是明确资产处置方式。以此为鉴，合作社和农行、工行、农信社等多家金融机构探索贷款模式，并成功获得土地承包经营权抵押贷款。此外，合作社将全部土地加入农业保险，分散部分银行机构的贷款风险。

（五）绩效考核，各尽其责

合作社在不断建立民主管理制度的同时，紧紧围绕调动社员和管理人员的积极性的经营管理核心，经成员代表大会讨论决定，实行管理人员目标责任制，利用绩效考核、各尽其责的办法，以绩效定工资，将土地增收与社员收入挂钩。在完成目标的基础上，确定管理人员的工资总额（即年度总盈余的2%），其中，理事长占工资总额的20%，其他人员为80%，这样有效地调动了管理人员的积极性。

（六）建立并完善经营管理和分配机制，实现规模、技术与合作的最大收益

农机合作社以其自身的优势，与农民一起解决种植分散、规模小、生产成本高等问题，不断探索适度规模经营的新路子，实现了规模、技术和合作的最大收益。

---

① 2013年10月，哈尔滨银行给仁发合作社发放了1500万元的首笔贷款，贷款利率为8.4%。

一是通过建立并完善经营管理和分配机制，吸引农民带地入社，推进土地规模经营；二是提供种植技术、农机作业等服务，做到农机农艺相结合；三是与农业保险和金融机构建立贷款渠道，进行保险和贷款，降低农业经营风险。

实践表明，土地经营规模化是培育新型农业经营主体的前提和基础，必须充分尊重农民意愿和维护农民权益，落实集体所有权、稳定农户承包权、放活土地经营权，开展多种形式合作与联合，主体形式、发展规模应根据生产经营实际情况不断进行探索，真正通过土地把农民与合作社结成利益共同体。

参考文献

[1] 孔祥智．从两个案例看合作社规范化．第三届“中国合作经济中青年学者工作坊”，2015

[2] 李世武．农民合作社规范运行要点．农业部干部管理学院关于举办农民合作社规范建设培训班，2015

[3] 黑龙江仁发农机合作社启示：破题“将来谁种地”．2014－2－24

[4] 克山县仁发现代农业农机专业合作社．黑龙江新闻网－黑龙江日报，http：//www. hljnews. cn

[5] 黑龙江省农业委员会．黑龙江省农业委员会关于推行克山县仁发现代农机专业合作社经营机制的通知（黑农委函〔2012〕68 号），中国农经信息网，2012－3－2

[6] 克山“仁发合作社”信贷成功路，http：//www. nongjx. com/News/Detail/，中国农机网

[7] 曾庆怡，胡胜德．克山县仁发现代农业农机专业合作社发展现状及问题研究，2014

第十章

案例：土地托管与农资服务的合作模式探索

——以河北武强新合油葵和心连心合作社为例

为了进一步了解土地托管和提供农资购买服务等业务情况，本课题组对河北武强县新合油葵种植业专业合作社（简称“新合合作社”）、心连心种养专业合作社（简称“心连心合作社”）进行了调研。

一、新合合作社的土地托管合作模式实现了农民与合作社的双赢

新合合作社注册时间为2011年5月31日，由7个人出资，注册资金80万元。2014年入社成员达到450户，带动周围农户2000多户。种植面积达30000亩，业务范围涉及油葵、谷物、杂粮种植。合作社组织采购供应成员所需的生产资料（种子和化肥），组织收购、初加工、销售社员生产的产品，引进新技术、新品种，开展技术培训、技术交流及相关服务。从合作模式看，新合合作社与农民主要采用“新品种示范+统一服务+统一收购+统一加工+统一销售（农民+合作社+加工企业）”的合作模式，形成了“新品种示范→推广→初加工

→销售”的完整产业链条。农民每亩直接收入比单纯的小麦玉米种植可增加800～1000元。

（一）农民与合作社的合作内容

一是承包土地流转。合作社通过与农民签订土地流转协议书，流转土地达到100亩，用作新技术和新品种的示范田，向农民推广示范的良种、化肥等生产资料，解决了土地碎片化的难题。

二是技术培训与指导。2013年以前初种油葵时期，就请种子公司技术员实地考察监管，及时解决油葵种植中出现的问题，减少社员损失。2014年聘请山东乔昌化学公司农艺师为社员讲解农药使用方法和使用效果。合作社提供的农药虽然比一般农药贵，但效果好，省时省工，后期不用再投入管理，整体算下来比一般管理一亩地省农药费20～50元。

三是统一收购与销售社员的农产品。回收社员油葵1478.82吨，回收花生229.58吨。2014年自种土地、订单种植和带动其他种植土地面积达21730亩，每亩产量平均为500斤，可产出油葵5432.5吨。带动周边地区散户较多，但种植分散，自用也较多，回收大部分是社员订单种植的区域。

四是统一加工，提高农产品附加值。葵花籽深加工有三个产品分类：炒葵花籽、葵花仁和葵花油。①直径大于4毫米的用于炒葵花籽，产品可以供应大农贸市场及超市。葵花籽收购价是每吨5200元，加工后卖给农贸市场和超市的价格可达每吨6400元。②直径在3～4毫米的葵花籽用剥仁机剥仁，葵花籽仁用于制作蛋糕、面包、月饼、糖葫芦、冰糕、腌制咸菜等各种食品，2014年仅武强这几个食品加工厂（如东方、东宝、利民等）就收购葵花籽仁1000多吨。③直径小于3毫米的，用于榨油，每吨葵花籽可出油0.45吨，每吨可获毛利2200

元。榨油的下脚料可作为养殖业的原料。

（二）农民与合作社的双赢

从发挥的作用看，合作社在促进农业发展、提高农民收入等方面，具有明显的示范性和带动性。一方面降低了生产成本，保证了生产产量。为合作社社员提供种子、农药共1000761元，提供化肥共5001180元[①]。另一方面提高了农产品的附加值，增加了农民收入。2014年，入社会员达到450户，带动周围农户2000多户，种植面积达30000亩。农民每亩直接收入比单纯地种小麦或玉米可增加800～1000元。2014年谷子收购价格高，仅谷子一季每亩可收入4000元。

合作社注册初期仅7个人，注册资金80万，除理事长外，其余6人分别投资1万元，后期发展没有再增加投资。

二、心连心合作社通过提供农资服务，实现规模经营

（一）背景资料

武强县心连心合作社，出资550万元，由10人发起[②]，成立于

---

① 种子、农药节省费用情况：油葵种品种很多，平均每亩地合60元，与市场价格相差不多，但品质有保证，社员收获有保障。集市上出售的油葵种大多质量参差不齐，不能保证农民收成。玉米种平均每亩地合50元，直接从公司拿货，比从代理商那拿种子每亩便宜10～20元。谷子每亩地种子、农药一套75元，而集市上分小包卖一分地种子5元，都是三无产品，没有搭配农药，一亩地50元，且品质没有保证，后期还得再买农药，总费用算下来不比合作社的一套便宜。油葵农药每亩地15元，效果好不烧苗，比市场价便宜2～3元；玉米农药每亩地从拌种到除虫再到除草每亩地合93元，一次性施药不用后续追药，总费用比市场价能便宜20～50元。

化肥节省费用情况：化肥是通过省科协联系，直接从厂里进测土配方肥，适合当地的碱性土壤，价格比从二级代理商那里进货便宜30～50元。若小麦底肥、小麦追肥、油葵肥、玉米肥都从合作社买，价格上比从别的二级代理商那里相当于白用一季小麦追肥。

② 出资人，由15个村的村主任和支部书记共同发起合作社，核心人员20多个人，每人10万元。

2010 年。（前身是 2007 年武强县农业科技服务中心，当年承包土地 180 亩，30 元/亩，承包期 30 年，仅为个人承包行为。）通过组建农民合作社，向社员提供土地托管、农资统一采购、新品种和新技术试验示范等社会服务，覆盖承包面积为 20112 亩。其中，2013 年与农民重新签订合同，承包土地 50 元/亩（承包合同有一定的随意性，会依据现实情况和市场价格改变合同内容）；2015 年承包土地 1000 元/亩左右。2013 ~ 2015 年合作社被评为省级示范社。2015 年 5 月，又被评为国家级示范社。

合作社设有理事长 1 名，理事 18 名，监事长 1 名，监事 11 人，会计 1 名，出纳 1 名，财务 1 名。

合作社的原则为“民办、民管、民收益”，采用“科研单位 + 合作社 + 农民”的模式，与河北农业科学院、河北农业大学、武强县农牧局建立了合作关系。2010 年，将 180 亩做为实验田，入社户数由 10 户增至 190 户（1 个村）；2011 年，入社户数增至 700 户；2013 年入社户数增至 1479 户，15 个自然村，土地面积 20112 多亩。合作社与社员之间订立合同，一方面，合作社主要负责种子、化肥的数量与质量的把关，一旦出现任何质量问题，合作社将无偿向社员提供 1000 斤种子；另一方面，规定社员每两年在合作社购买服务一次，否则将被要求退社。合作社主要为社员提供生产资料统购、优化种植、机械服务、统一收购等服务，在如何让农民利用好土地，使其产生最大效益、降低风险等方面，取得了一定的效果。

（二）主要做法

一是新品种、新技术试验田。新品种和新技术试验、示范的试验田是合作社业务的核心，针对种子、化肥、农药等一系列不同品种进行试验与示范，通过比较、确定最优组合后，再向农民进行推广。2015 年，合作社通过流转 100 亩土地，采用先试验和示范再推广的模式，解决了社员种植新品种和应用新技术的问题，避免了社员承担种植新品种、运用新技术等风险。

二是统一购买生产资料。农业生产资料的价格不断上涨，使得农民增收空间越来越小，“撂荒”现象有所增加。合作社按以需定量的原则，通过与农业生产资料经销商和厂家联系，使化肥价格优惠 40 元/袋，其中，给社员低于市场价 20 元/袋；给社员上两季农业保险 10 元，补贴运输费用 5 元、合作社日常费用 5 元；种子低于市场价 10 元/亩；农药低于市场价 2 元；地膜等农资以批发价供应。2010 年以来为社员团购化肥 2800 多吨，种子 100 余吨，农药 1.6 余吨，地膜 3 吨，为社员节省生产成本 500 万元。2012 年合作社实现销售收入 1800 万元，户均增收 1.5 万元。

三是开展农机耕种服务。合作社购进农机具 90 台，其中大型拖拉机 32 台，玉米、小麦收割机 21 台，播种机 30 台，深耕机 10 台，开展了抢种、耕翻、施肥、喷除草剂、抢收等“一站式”服务。

四是定期组织技术培训与技术交流。通过聘请河北农业科学院、河北农业大学、县农牧局专家、教授和技术人员，对社员进行农艺技术、农业知识等培训，并针对种植过程遇到的问题进行交流与解答，基本上形成每年 6 期、每期 200 人的培训与交流规模。

五是开通“天气预报”服务。目的是为了让社员及时地、准确地掌握天气变化，做好灾害天气的防范措施。经粗略估算，开通手机天气预报服务以来为社员减少经济损失 300 多万元。

六是开展农业保险服务。近几年来，合作社为减少农作物自然灾害的损失，统一为社员入农业保险，累计争取经济理赔 150 余万元。

（三）经验借鉴

1. 采用土地托管服务和农资统购统销模式，实现合作社与社员双赢

农民通过合作社组织，将土地托管给合作社，由合作社负责种子购买、秸秆粉碎、翻耕、播种、化肥购买及施用、间苗、中耕、防虫防病等生产环节①。一是合作社通过提供土地托管服务，利用新品种和新技术试验田，从种子、化肥、农药等源头把好质量关，实现了农资统一采购，防范农民种植期间由农资质量带来的生产风险的发生，有利于农业生产规模化、机械化。二是通过与农科院、技术推广站等单位建立联系，随时对种植过程中出现的问题进行技术指导，确保农民高产。三是拓宽农民收入来源。农民除土地托管的收益外，还能外出打工就业，增加兼业收入，真正实现了合作社与社员的双赢。

2. 依靠农业补贴政策，完善社会化服务体系部分功能，破解“高产不增收”的难题

合作社是不以盈利为目的的组织，其主要收入来源是服务社员的活动产生的，为了更好地服务社员，合作社作为代表农民的组织，与农资供应商进行交流与协商，从价格与质量上，保证了农民利益不受到损失。从调研中我们了解到，心连心合作社的主要收入来源是农资供应价与市场价之间的差价，其中化肥5元/亩、种子3元/亩，此外还有试验田种植收入；还享受财政补助政策，深松费25元/亩，共50万元。利用该项补助，合作社为社员提供播种服务25元/亩，其中深松免费；同时，将各家各户的大型农机（100马力、60台）联合起

---

① 据测算，近几年每亩小麦和玉米耕种收获费用均在860元，而以小麦每亩500公斤、2.4元/公斤，玉米600公斤、2.2元/公斤计算，亩收益共计2520元，扣除土地托管服务860元、管理费100元，社员的亩收入可达1560元。

来，统一进行耕种，实现机械深松全覆盖。

3. 合作社扶持政策需求强烈

小农户缺乏晾晒、加工、厂库等基础设施，使得粮食在晾晒、烘干和储存环节易遭受老鼠盗吃、虫蛀等损失，导致农民面临“高产不增收”难题。因此，为了确保农民既高产又增收，急需政府协调相关土地部门，加快建设用地资源整合，针对农民生产中晾晒厂、储存库和加工厂房等薄弱环节，不断完善以公共设施完善、资源共享为核心要素的社会化服务体系，使得社员粮食不入户，直接脱粒烘干入库，避免社员各自储存时的损失和公共资源浪费。同时，还可以进行粮食统销。经测算，加工、烘干环节的厂房、设备给农民带来的直接经济效益为：经过合作社统一加工、烘干、储存，每斤多卖0.1元；同时，库存节省0.1元，每亩可增收200元。按照心连心合作社服务1479户、20112亩的规模计算，可产2万吨粮食，直接增收近400万元。为此，需建4个1000平方米的仓库，4个1000平方米的晾晒平台，1个100吨的地磅，一座日烘干500吨的烘干塔，才能达到上述效果。

同时，合作社为减少统收、统销环节的现金交易，提供场地，开展粮食银行业务，建立个人账户，设立对账簿，粮食销售数量与收入实现“一卡通”：也就是社员把粮食存入粮仓时，为社员办理粮食储存卡，在合作社指定的超市购物，实现粮食直接兑换食品，极大提高了合作社与社员、合作社与银行之间的工作效率，保障了农民收入。

附件一

“农民合作社扶持政策的制度研究”调查问卷（一）

一、农民合作社基本情况调查

1. 合作社名称：________________________________

2. 合作社成立时间：________年________月

3. 合作社所在地址：__________省（自治区）__________市（县）__________乡（镇）

4. 合作社理事长性别：________（填写）；

学历：________（单选）

A. 小学　　B. 初中

C. 高中或中专　　D. 专科

F. 本科及以上

5. 组建合作社后，对家庭收入的影响是（幅度）：________

A. 明显增加　　B. 稍有增加

C. 没有明显变化　　D. 稍有减少

F. 明显减少

6. 合作社注册资金：________元

7. 合作社成员：________户；管理人员：________人；专业技术人员：________人

8. 合作社所涉行业：________（可多选）

A. 农资统购服务

B. 资金互助服务

C. 农机服务

D. 土地托管服务

E. 加工服务

F. 粮食作物、蔬菜、林果、中药材等种植业生产服务

G. 畜牧业或水产养殖服务

9. 合作社总体盈利能力：________

A. 很强　　B. 较强

C. 一般　　D. 较弱

E. 很弱

10. 合作社现在处于哪个发展阶段：________

A. 起步阶段　　B. 成长阶段

C. 成熟阶段　　D. 衰退阶段

11. 合作社的内部发展问题：________（可多选）

A. 人心不齐，缺乏团队合作精神

B. 缺乏技术人才

C. 缺乏管理经验

D. 大户社员和一般社员的利益兼顾不够

E. 农产品成本太高

F. 设备落后

G. 运营资金不足

12. 合作社的外部环境障碍：________（可多选）

A. 政府制定政策缺乏针对性

B. 政府政策落实不到位

C. 市场价格波动大

D. 市场不规范

E. 融资渠道不通畅

F. 国内外宏观经济波动

G. 其他___________

二、农民合作社扶持政策需求调查

13. 教育及培训中心需求调查

合作社有没有获得教育及培训：_________________

A. 有（a 很满意　b 较满意　c 一般　d 不满意　e 很不满意）

B. 没有（急需哪些方面教育与培训的内容：a 管理能力　b 营销平台及渠道拓展　c 生产技术推广　d 其他）

14. 资金支持及融资需求调查

合作社有没有获得外部资金支持（融资或贷款）：____________

A. 有（a 很满意　b 较满意　c 一般　d 不满意　e 很不满意）

B. 没有（主要原因是：a 政府的融资政策缺乏有效的落实手段　b 农业合作社易收到金融机构的融资歧视　c 合作社的资产不能作为抵押担保物　d 其他）

15. 项目扶持的需求调查（包括农业综合开发、基地建设示范等项目）

合作社有没有获得政府提供的项目支持：____________

A. 有（名称：________________________________）

（a 很满意　b 较满意　c 一般　d 不满意　e 很不满意）

B. 没有（主要原因是：a 主管部门针对土地等要素的产权界定不清　b 合作社不适合做项目　c 政府落实项目扶持政策不足　d 其他）

16. 土地政策需求调查

①政府制定的相关土地政策对促进合作社发展效果的总体评价：____________（可多选）

A. 很满意　　B. 较满意

C. 一般　　D. 不满意

E. 很不满意

②哪些土地政策对促进合作社发展具有重要作用：__________

A. 延长土地承包经营期限　　B. 扩大农发地生产规模

C. 允许农地抵押贷款　　D. 取消土地转让的限制条件

E. 其他________

17. 人才培养需求调查

①您认为合作社从外部引进人才对合作社的发展：__________

A. 很重要　　B. 较重要

C. 一般　　D. 不太重要

E. 很不重要

②您认为合作社发展最需要哪些方面的人才：________（可多选）

A. 技术人才　　B. 市场开拓人才

C. 管理人才　　D. 财务会计人才

E. 其他

18. 结合合作社自身发展考虑，您认为合作社最需要哪些方面的政策：____

____

____

非常感谢你的配合！

您的姓名：____________________

您的联系方式：____________________

附件二

“农民合作社扶持政策的制度研究”调查问卷（二）

——全国合作社示范社情况

1. 合作社名称：________________

2. 法人：________________

3. 省份城市与地区：________________

4. 年销售额：________

5. 年利润：________

6. 目前合作社的主营业务情况：________

A. 良好　　B. 一般

C. 较差

7. 产品主销方向为：________

A. 本地市场　　B. 外地市场

C. 国外市场　　D. 特殊市场

8. 合作社盈利情况：________

A. 盈余可观　　B. 持平

C. 亏损

9. 合作社盈利分配情况：________________

A. 成员满意　　B. 盈余不分配

C. 没有盈余

10. 合作社管理情况：________________

A. 职能部门齐全　　B. 只有主要职能部门

C. 一部多能、身兼数职

11. 目前存在主要问题：________________

A. 人才　　B. 资金

C. 管理　　D. 销售

12. 合作社在当地行业的地位：________________

A. 领袖地位　　B. 跟随地位

C. 发展地位

13. 制约当地合作社发展的因素：________________

A. 人才　　B. 资金

C. 政策　　D. 管理

E. 其他

14. 对全国合作社联合社发展的态度：________________

A. 看好　　B. 一般

C. 不看好

15. 是否愿意参加合作社联合组织：________________

A. 愿意参加　　B. 不参加

参考文献

[1] 罗纳德·科斯等著，刘守英等译．财产权利与制度变迁．上海：格致出版社，2014

[2] 陈锡文．新常态下“三农”政策风口有多大？财经国家周刊，2015-4-23

[3] 韩俊，秦中春，张云华，罗丹．我国农民合作经济组织发展的现状与面临的问题．调查研究报告，2006（144）

[4] 韩俊，秦中春，张云华，罗丹．我国农民合作经济组织发展的影响因素分析．调查研究报告，2006（145）

[5] 韩俊，秦中春，张云华，罗丹．农民专业合作经济组织发展支持政策评价——九省农民合作经济组织调查要述．调查研究报告，2006（146）

[6] 韩俊，秦中春，张云华，罗丹，李姿姿，张丽．农民专业合作经济组织发展的现状、经验和问题——140个农民专业合作经济组织个案调查报告．调查研究报告，2006（147）

[7] 罗丹，张云华．四川省井研县农民合作经济组织发展调查报告．调查研究报告，2006（149）

[8] 韩俊，罗丹，潘耀国．可持续发展的加拿大农民合作社．调查研究报告，2006（151）

[9] 韩俊，罗丹，潘耀国．信用合作社在农村金融体系中具有不可替代的作用．调查研究报告，2006（152）

[10] 农业部新闻办公室．新型农业经营体系稳步推进．2013

[11] 韩长赋．大力培育新型职业农民，为建设现代农业提供人才支撑．农业部新闻办公室，2013（12）

[12] 韩俊，秦中春，张云华，罗丹．促进中国农民合作经济组织发展政策框架．调查研究报告，2007（3）

[13] 刘守英，谭明智．成都农地股份合作社调查．调查研究报告，2013（188）

[14] 刘守英，李青，章元．美国家庭农场的特征，支持政策与启示．调查研究报告，2013（9）

[15] 刘守英，王青，王瑞民．中国农村土地流转和规模经营的特征与变化趋势．调查研究报告，2015（174）

[16] 叶兴庆．以产权制度改革提高资源配置效率．调查研究报告，2015（165）

[17] 徐小青，金三林．创新农业经营方式的有益探索．调查研究报告，2012（221）

[18] 程国强．中国农业补贴制度设计与政策选择．中国发展出版社，2011
[19] 程郁，王宾．“两权一房”抵（质）押贷款，拓宽农民融资渠道．调查研究报告，2014（180）
[20] 徐旭初．以改革精神推进农村合作经济事业．农村经营管理，2014（1）：18－20
[21] 徐旭初．建构合理的政府与农民合作社的关系．中国农民合作社，2014（10）
[22] 徐旭初．中国农民专业合作经济组织的制度分析．中国经济科学出版社，2005
[23] 徐旭初．财政为什么要支持合作社发展．中国农民合作社，2014（11）
[24] 徐旭初．略论农民专业合作社理论研究进展及趋势．中国农民合作社，2013（11）
[25] 徐旭初．科学把握合作社的质性规定与制度安排．中国农民合作社，2013（10）
[26] 徐旭初，刘颖娴．略论农民合作社多元化发展态势．中国农民合作社，2013（7）
[27] 徐旭初．建构合理的政府与农民合作社的关系．中国农民合作社，2014（10）
[28] 徐旭初，邵科．合作社成员异质性：内涵特征、演化路径与应对方略．农林经济管理学报，2014（6）
[29] 孔祥智．从两个案例看合作社规范化．第三届“中国合作经济中青年学者工作坊”，2015
[30] 孔祥智．合作社不规范问题必须抓紧解决．中国合作经济，2014（5）
[31] 孔祥智．再论引导和促进合作社规范发展．中国农民合作社，2014（12）
[32] 孔祥智．三论引导和促进合作社规范发展．中国农民合作社，2015（1）
[33] 孔祥智．四论引导和促进合作社规范发展．中国农民合作社，2015（2）
[34] 孔祥智．发展多类型合作社．中国合作经济评论，2014（2）：1－4
[35] 孔祥智．全面推进农民合作社发展．中国合作经济评论，2014（1）：1－2
[36] 孔祥智，陈丹梅．政府支持与农民专业合作社发展．中国合作经济评论，2014（3）：1－5
[37] 孔祥智．中国农民专业合作社运行机制与社会效应研究——百社千户口调查．中国农业出版社，2012
[38] 黄祖辉，俞宁．新型农业经营主体：现状、约束与发展思路——以浙江省为例的分析．中国农村经济，2010（10）
[39] 黄祖辉．现代农业经营体系建构与制度创新——兼论以农民合作组织为核心的现代农业经营体系与制度建构．经济与管理评论，2013（6）
[40] 张晓山．真正的“试金石”是实践——谈谈与《农民专业合作社法》有关的几个问题．中国合作经济，2007（1）
[41] 张晓山．促进我国农民合作社健康发展的几点思考．中国农民合作社，2014（4）
[42] 张晓山．为合作社多元化发展提供法律支撑．农民日报，2015（3）
[43] 张晓山，苑鹏．通过立法和扶持政策，促进农民合作社快速发展．中国农民合作社．2014（1）：55－57
[44] 苑鹏．农民专业合作的财政扶持政策研究．经济研究参考，2009（41）
[45] 苑鹏，缪建平，徐仁发．合作社加快农村经济发展方式转变（上）——北京密云经验的启示．农村经营管理，2011（7）
[46] 苑鹏，缪建平，徐仁发．合作社加快农村经济发展方式转变（下）——北京密云经验的启示．农村经营管理，2011（8）
[47] 北京农业经济研究中心经管站．北京郊区土地股份合作社发展的基本情况，2012
[48] 苑鹏，缪建平，徐仁发．合作社加快农村经济发展方式转变．农村经营管理，2011（7）

[49] 黄胜忠，刘洋洋．促进农民专业合作社发展的财政支持政策．农村经济，2013（12）
[50] 苑鹏．农民专业合作的财政扶持政策研究．经济研究参考，2009（41）
[51] 苑鹏．农民专业合作经济组织发展的未来展望．农村经营管理，2008（11）
[52] 苑鹏，彭莹莹．农民专业合作社开展信用合作的现状研究．农村经营，2013（4）
[53] 苑鹏．晋中农民专业合作社发展新动向初探．中国农民合作社，2013（11）
[54] 张云华．丹麦合作社发展的经验．调查研究报告，2006（153）
[55] 李姿姿．农民合作组织立法国际比较——农民合作组织立法国际研讨会综述．调查研究报告，2006（154）
[56] 涂琼理，钟涨宝．江西农民专业合作社政策扶持的调查分析．江西社会科学，2012（7）
[57] 农业部经管司经管总站．各地农民专业合作社税收优惠政策综述．中国农经信息网，2010
[58] 秦中春．农民专业合作社制度创新的一种选择——基于苏州市古尚锦碧螺春茶叶合作社改制的调查．中国农村经济，2007（7）
[59] 秦愚．组织成本视角下的农业合作社基本制度分析．中国合作经济评论，2015（2）：40－50
[60] 王维友，杨春悦．大力扶持发展农民合作社——对2014年中央1号文件有关农民合作社发展政策的理解．中国农民合作社，2014（3）
[61] 赵铁桥．农民合作社创新与发展—带头人能力建设研讨班的讲话．农业部农村经济体制与经营管理司（农村合作经济经营管理总站），2014
[62] 周艳伟．财政资金：为合作社“量身定做”．中国合作社经济，2007（5）
[63] 中国农业发展银行吉林省分行课题组．创新信贷支农载体，彰显政策金融效应．农业发展与金融，2009（8）：59－61
[64] 唐华仓．农民专业合作社运作中的经验与问题．农业经济问题，2008（1）
[65] 魏丽莉．我国政府支持农民专业合作社发展的政策分析．中国井岗山干部学院学报，2012年，第5卷，第4期
[66] 韩志峰．“强制性”章程：合作社的基本准则．中国合作经济，2007（5）
[67] 张照新，赵海．新型农业经营主体的困境摆脱及其体制机制创新．改革，2013（2）
[68] 王常伟，顾海英．市场VS政府，什么力量影响了我国菜农农药用量的选择？．管理世界，2013（11）
[69] 田志宏，刘艺卓．大力培育新型农业生产经营主体积极推进农业现代化建设．中国经济分析与展望，2013
[70] 邵科，朱守银．农民专业合作社发展的不良类型、成因与应对思路．农业经济与管理，2014（1）：35－41
[71] 刘一平．现阶段我国新型农业生产经营主体培育问题探究．现代农业科技，2013（5）
[72] 沈建明，何日贵，段国华．新型农业经营主体的新需求．中国农村金融，2013（10）
[73] 于亢亢，朱信凯，王浩．现代农业经营主体的变化趋势与动因．中国农村经济，2012（10）
[74] 吴洪伟．农业综合开发项目扶持农民专业合作社发展研究——以浙江省为例．中国农业资源与区划，2012年10月，第33卷，第5期
[75] 潘劲．中国农民专业合作社：数据背后的解读．中国农村观察，2011（6）
[76] 李世武．农民合作社规范运行要点．农业部干部管理学院关于举办农民合作社规范建设培训班，2015
[77] 庄子银，邹薇．制度变迁理论的线索与发展，1995

[78]《中共中央国务院关于加快发展现代农业进一步增强农村发展活力的若干意见》（中发〔2013〕1号）
[79] 财政部《关于支持农民合作组织发展促进农业生产经营体制创新的意见》（财农〔2013〕7号）
[80] 关于印发《中央财政农民专业合作组织发展资金管理办法》的通知（财农〔2013〕156号）
[81] 工商行政总局、农业部《关于进一步做好农民专业合作社登记与相关管理工作的意见》（工商个字〔2013〕199号）
[82]《中共中央国务院关于全面深化农村改革加快推进农业现代化的若干意见》（中发〔2014〕1号）
[83] 农业部下发《关于促进家庭农场发展的指导意见》（农经发〔2014〕1号）
[84]《农业部办公厅关于开展全国农产品加工合作社示范社创建活动的通知》（农办加〔2014〕2号）
[85]《关于引导和促进农民合作社规范发展的意见》（农经发〔2014〕7号）
[86] 中国银监会、农业部《关于金融支持农业规模化生产和集约化经营的指导意见》（银监发〔2014〕38号）
[87]《农业部关于推动金融支持和服务现代农业发展的通知》（农财发〔2014〕93号）
[88]《国家工商行政管理总局关于农民专业合作社年度报告公示暂行办法》(2014年10月1日)
[89]《关于引导农村土地经营权有序流转发展农业适度规模经营的意见》（中办发〔2014〕61号）
[90]《关于加大改革创新力度加快农业现代化建设的若干意见》（中发〔2015〕1号）
[91]《关于创新重点领域投融资机制鼓励社会投资的指导意见》（国发〔2014〕60号）
[92]《关于组织申报土地经营权入股发展农业产业化经营试点方案的通知》(2015年3月)
[93]《农业部关于开展农民专业合作社示范社监测工作的通知》（农经发〔2015〕5号）
[94]《财政部农业部关于调整完善农业三项补贴政策的指导意见》（财农〔2015〕31号）
[95] 关于印发《农业综合开发推进农业适度规模经营的指导意见》的通知（财发〔2015〕12号）
[96]《关于调整和完善农业综合开发扶持农业产业化发展相关政策的通知》（国农发〔2015〕52号）
[97]《关于支持多种形式适度规模经营促进转变农业发展方式的意见》（财农〔2015〕98号）
[98]《农业部办公厅关于开展政府向经营性服务组织购买农业公益性服务机制创新试点工作的通知》（农办经〔2015〕12号）
[99] 关于印发《关于财政支持建立农业信贷担保体系的指导意见》的通知（财农〔2015〕121号）
[100]《国务院办公厅关于加快转变农业发展方式的意见》（国办发〔2015〕59号）
[101]《国务院关于开展农村承包土地的经营权和农民住房财产权抵押贷款试点的指导意见》（国发〔2015〕45号）
[102] 农业部《关于进一步促进农民专业合作社健康发展的建议》，2015-8-27
[103]《中华人民共和国农民专业合作社法》，2007
[104]《农民专业合作社登记管理条例》，2007
[105]《关于农民专业合作社登记管理的若干意见》，2007

[106]《农民专业合作社财务会计制度（试行)》的通知（财会〔2008〕9 号〕
[107]《关于做好农民专业合作社金融服务工作的意见》(银监发〔2009〕13 号)
[108]《关于开展农民专业合作社示范社建设行动的意见》(农经发 9〔2009〕10 号)
[109]《农业部关于加快发展农机专业合作社的意见》(农机发〔2009〕6 号)
[110]《关于支持有条件的农民专业合作社承担国家有关涉农项目的意见》（农经发〔2010〕6 号)
[111] 农业部关于印发《农民专业合作社示范社创建标准（试行)》的通知（农经发〔2010〕8 号)
[112] 农业部关于印发《农民专业合作社辅导员工作规程》的通知（农经发〔2011〕1 号)
[113]《关于进一步加强农民专业合作社财务管理工作的意见》(农办经〔2011〕16 号)
[114]《关于农村集体土地确权登记发证的若干意见》(国土资发〔2011〕178 号)
[115]《关于加快推进农村集体土地确权登记发证工作的通知》(国土资发〔2011〕60 号)
[116]《农业部办公厅关于印发 2013 年农业财政项目指南的通知》(农办财〔2012〕125 号)